Олена Березовська

АНГЕЛ

International Academy of Healthy Life

2025

Ангел
© 2008-2025 Олена Березовська
256 стор.
Видавець:
International Academy of Healthy Life

Автор:
Олена Березовська

Ангел — це подорож надії, стійкості та глибокого зв'язку між людськими душами. Олена Березовська майстерно переплітає розповідь, що проникає у тонкощі людських емоцій, досліджуючи теми зцілення, спокути та невидимих сил, які ведуть нас через найважчі моменти життя. Ця книга запрошує читачів замислитись над внутрішньою силою та красою співчуття в неочікуваних місцях.

Дизайн обкладинки:
Олена Березовська

Дорогі читачі,

Я рада представити вам свою книгу «Ангел», написану з надією принести світло та тепло у вашу душу. Деякі з вас, хто знає мене як вчену та лікаря, можуть вважати це дивним, можливо, навіть шокуючим, що я вирішила писати про таку тему. Для тих, хто не знайомий зі мною або моєю попередньою роботою, ця книга пропонує можливість краще дізнатися про мене та моє життя на більш глибокому рівні.

Отже, чому «Ангел»? Чому духовна робота, яка відгукується в моїй душі і, сподіваюся, торкається вашої, навіть якщо не всіх? Чому не ще один науковий трактат, наповнений фактами та дослідженнями? Або збірка гумористичних історій та віршів? Відповідь полягає в суперечностях мого життя, так само, як і вашого. Існують переживання, події та істини, які вимагають висловлення, незалежно від того, наскільки складними або особистими вони можуть бути.

Розмірковуючи над цими моментами і сортувавши свої думки, я зрозуміла, що більше не можу тримати ці ідеї в замкнутому стані. Так, деякі з того, що я ділюся, можуть здаватися незвичними, містичними або навіть не науковими. Проте ось я, пропонуючи вам свою душу, відкриту і вразливу, разом з усім, що я пережила.

Водночас я не можу стерти ці події зі свого життя або зробити вигляд, що вони ніколи не відбувалися. Не можу створити більш «прийнятну» версію себе, щоб вписатися в чиюсь ідею нормальності. Ці переживання — частина того, хто я є. І я знаю з повною впевненістю, що я не одна в цьому. Багато з вас зрозуміють і підтримають мене.

Багато з вас вірять у Бога, пророків і святих або дотримуються релігій і духовних традицій. Це природна частина людського життя. Для мене «Ангел» такий же природний, маленький, але значущий шматочок мого життя і він заслуговує на те, щоб існувати так, як я його ділюся з вами. Я вірю, що мої знання та життєвий досвід можуть бути корисними багатьом, а позитивні емоції і почуття, які я пропоную, можуть принести баланс і відновлену впевненість тим, хто в цьому потребує.

Я написала цю книгу з легкістю в серці та усмішкою на обличчі, відчуваючи глибокий спокій у своїй душі. Моя надія, що, гортаючи її сторінки, ви знайдете радість і полегшення, віру і надію, любов і світло.

Від щирого серця дякую вам за те, що не пройшли повз цю книгу. Бажаю вам змістовної та натхненної подорожі разом зі мною та Ангелом.
З любов'ю,

Олена Березовська

Подяки

Кожен творчий задум вимагає часу та ресурсів, часто чималих, і неминуче наше життя починає обертатися навколо процесу створення. Ця подорож, у свою чергу, впливає на життя тих, хто поруч із нами, особливо найближчих — родини та друзів. Саме тому хочу висловити свою найглибшу вдячність моїй родині, чоловікові Юрію та дітям Юлії та Олександру, за терпіння і розуміння у ті моменти, коли "мама була прикута до комп'ютера, і найкраще було її не турбувати."

Окрема подяка Олені Костюковій, натхненній засновниці та керівниці медичної мережі Likar.Info. Завдяки їй побачила світ моя книга "Тисячі запитань і відповідей про гінекологію," а також інші медичні та оздоровчі проєкти. Олена була першою читачкою "Ангела" ще до завершення книги, і її підбадьорливі слова"Я давно чекала на таку книгу! Пиши далі!" стали для мене мотивацією довести цей проєкт до кінця.

Також я безмежно вдячна Роману Шевціву — давньому другу, однокурснику, колезі та талановитому, добросердечному лікареві. Його постійна підтримка та віддана допомога відіграли ключову роль у створенні цієї книги.

І, звичайно, моя сердечна подяка вам, дорогі читачі, за те, що обрали цю книгу і пройшли з нею шлях до останньої сторінки.

І, безперечно, дякую Ангелу!

Якщо у вас є відгуки, пропозиції чи думки, буду рада їх почути.

Нарешті ми знову зустрілися. Він сидів один на лавці у величезному парку, усміхаючись, то собі, то світу навколо. Я не могла збагнути. Повітря наповнював ніжний пташиний спів, а легкий вітерець колихав листя. Від нього струменів глибокий, безмежний спокій, який мимоволі огортав і мене.

— Чому саме тут? — запитала я.

— А хіба не ти уявила це місце? — тихо відповів Ангел запитанням.

— Це правда, — визнала я. — Але чи означає це, що все це і ти — лише вигадки моєї уяви?

Ангел м'яко усміхнувся. Після короткої паузи він відповів:

— Ти певна, що сама реальність не є відображенням уяви?

— Кожен переживає власну версію реальності," — сказала я, почуваючись ученицею, що прагне справити враження на Вчителя. — Це реальність, сформована нашим сприйняттям світу через призму власного 'я' — тіла й свідомості.

— Отже, можливо, — продовжив Ангел, — те, що одні вважають реальністю, може бути лише уявою — і навпаки.

— Ми ще поговоримо про це іншим разом, — мовила я.

Не думаючи, я сіла поруч із Ним. Це було не свідоме рішення, а щось природне, якби моє місце справді було саме тут, поруч з Ангелом, у тиші.

— У тебе є ім'я? — запитала я.

— Так, — спокійно відповів Ангел.

— А ти справді ангел? — продовжила я з ноткою сумніву в голосі.

— Ти ж не сумніваєшся в цьому насправді. То навіщо питаєш?

— Бо для багатьох ангели — це лише вигадані істоти з потойбічного світу, — сказала я.

Обличчя Ангела осяяла тепла, сяюча усмішка.

— Моя люба, немає жодного 'іншого світу.' Є лише Світ. Всесвіт, і ще більше за його межами. Усе це єдине і взаємопов'язане, — м'яко пояснив Ангел.

— Розумію, — прошепотіла я.

— І так, ми повертаємося до уяви. Якщо хтось уявляє мене як крилату істоту без статі, то саме це він і хоче бачити — у своїй свідомості та реальності.

— Але я не очікувала побачити тебе в образі чоловіка, — заперечила я.

— Тобі так легше. Протилежності природно притягуються. Якби я з'явився як жінка, ти б назвала мене феєю, чаклункою або...

— Чи Бабою Ягою! — вигукнула я, засміявшись, перш ніж він встиг закінчити.

— Невже я справді так страшно виглядаю? — запитав Ангел із жартівливою стурбованістю. — Ох, це, мабуть, через чорне.

— Чому чорний? — зацікавилася я.

— Менше бруду пристає, — відповів він із хитрою усмішкою, а потім засміявся. — Жартую. Чорний поглинає все, не відбиваючи нічого. Але ми можемо з'являтися в будь-якому вигляді, у будь-якому вбранні.

— З крилами чи без? — запитала я.

— Як тобі більше до вподоби. Крила, якщо хочеш.

— Але все ж... як твоє ім'я, Ангеле?

— Просто називай мене Ангелом, бо я не один — нас багато, — відповів він лагідно. — А моє ім'я зараз неважливе. Колись, якщо знадобиться, ти його дізнаєшся.

Бути поруч із Ним здавалося природним — тихим, умиротвореним. Я не хотіла кудись іти чи щось говорити. І водночас у голові роєм крутилися нові думки.

***

Я пригадала нашу першу зустріч. Але чому я називаю її "першою"? Можливо, вона не була такою. Напевно, я просто забула інші. Мій розум, переповнений нескінченним потоком інформації, здебільшого зайвої, перетворився на величезний захаращений склад, де деякі полиці давно вкриті пилом часу. Іноді перед очима зринають уривки образів з минулих життів, хоч більшість з них уже втрачені для пам'яті. Та є одне, чого я не забула ніколи, момент мого щасливого не-повернення, коли я майже залишилася у місці, звідки прийшла до цього земного світу.

Так, "щасливе не-повернення" — найкращий спосіб це описати. Коли я спробувала повернутися

Туди, мене відправили назад, тому що були важливі причини для мого перебування тут. І дякувати Богу, що я повернулася. Час для мого відходу ще не настав.

Насправді це я сама обрала повернення, хоча довго думала інакше, вірячи, що не хотіла повертатися. Але я помилялася. Міцний зв'язок єднав мене з багатьма людьми у земному житті, зв'язок настільки глибокий, що він не дозволив би мені залишитися в іншому світі. Саме цей зв'язок притягнув мене назад.

Бог ніколи не змушує нас повертатися проти нашої волі і не примушує залишити земне життя, якщо ми справді хочемо залишитися. Такими є Їхні закони.

**

Це була проста, рутинна операція, але вона залишила глибокий відбиток у моїй свідомості, перевернувши моє життя догори дригом. Анестезіолог, стримуючи ліниве позіхання, ввів ліки. Я була впевнена, що не засну. Але мої повіки потяжчали, і переді мною розкрилася безмежна пустка. Точніше, не пустка, а глибока, чорна безодня.

Я відчула, як пливу крізь цей простір, що поволі наповнювався мільярдами мерехтливих зірок. Потім прийшло чітке відчуття тунелю. На його далекому кінці сяяло яскраве світло — не сліпуче, а тепле, що притягувало мене своїм заспокійливим обіймами. Чим глибше я заглиблювалась, тим кращим усе здавалося, ніби сам спокій вітав мене.

Я усвідомила присутність двох істот, що летіли поруч. Вони випромінювали доброту, їхні форми складалися з якоїсь невідомої, схожої на плазму субстанції, дивної, але заспокійливої.

Потім настало відчуття чистої, безмежної блаженства. Це було щось таке, що не піддається опису — жодна мова, жодні слова не можуть передати його. Це почуття було настільки глибоким, що, одного разу переживши його, забути вже неможливо.

Раптом різкий поворот ліворуч привів мене до несподіваного проходу в тунелі. Хоча назвати це "дверима" було б не зовсім точно, це вже не мало значення, я опинилася в кімнаті без вікон чи дверей. І я вже не була просто собою. Я бачила себе ззовні, ніби лежала на операційному столі, хоча столу там і не було. Я бачила все навколо з абсолютною ясністю.

Чотири гуманоїдні фігури стояли поруч зі мною — двоє біля рук, двоє біля ніг. Вони не були людьми, хоча мали людську форму; їхня стать залишалася невизначеною. Їхні сріблясті костюми випромінювали м'яке, розсіяне світло, що гармонійно зливалося з ніжним білим сяйвом, яке струменіло зі стін.

Що залишилося в моїй пам'яті назавжди, це їхні Очі й Усмішки. Вони випромінювали чисту доброту — справжнє тепло й любов, що світилися співчуттям.

І потім — тиша.

— Що все це означає? — подумала я. — Чому мене зупинили? Кого ми чекаємо?

Мене зустріла тиша, порушена лише теплом у їхніх поглядах.

— Скільки ще ми маємо чекати? — знову задумалася я.

І тоді Голос, спокійний, доброзичливий, позбавлений статі, промовив прямо в глибину моєї свідомості:

— Відпустіть її. Ще не час.

Я відчула, як мене почало тягнути назад у тунель, повільно опускаючи вниз...

— Нііії! — кричала я, віддаляючись усе далі від Блаженства, відчуваючи, як спокій вислизає з моїх рук.

Я розплющила очі. Наді мною з'явилася стеля операційної, стерильна і яскрава. Навколо мене метушилися лікарі, процедуру вже було завершено.

— Прокидайся! Все скінчилося! — весело промовив хтось.

— Ви знаєте, де я була? — прохрипіла я, відчуваючи, як сухий голос насилу виривається з пересохлого горла.

У кімнаті пролунали кілька стриманих смішків.

— Я прямувала Туди, — сказала я з впевненістю, хоч пересохлий рот заважав говорити чітко.

Новий сміх озвався у відповідь.

— Так, так, усі десь літають, — зауважив анестезіолог з усмішкою.

Я перевела погляд на лікаря, що стояв поруч, і його думки з'явилися переді мною так чітко, ніби їх написали прямо перед очима.

— Встигнете на обід, не хвилюйтеся, — тихо відповіла я з легким усміхом, знаючи, що в цей момент їжа була єдиним, про що він думав.

Поряд зі мною стояла молода інтернка, яка тихо тримала мене за руку. Я знала її багато років. Їй подобалося бути поруч, хоча я ніколи не вважала її подругою. Завжди чогось бракувало — того глибокого зв'язку, який створює справжню дружбу.

Я глянула на неї, і її думки розгорнулися переді мною так чітко, ніби були сказані вголос.

Я намагалася стримати себе, але в ту мить моя свідомість і підсвідомість діяли зовсім неузгоджено.

— Чому ти завжди мені заздриш? — раптом вирвалося у мене, перш ніж я змогла стримати ці слова. — Подивися на мене! Я лежу тут, слабка, безпомічна і забута. Я втратила дитину. А ти? У тебе завжди було більше, ніж у мене, більше, ніж достатньо. Чого ще ти можеш хотіти? — Мова вихоплювалась без жодного контролю.

Медсестра, що стояла поруч, поглянула на молоду лікарку й зневажливо мовила: "Не зважай. Після анестезії та операції люди говорять всяку нісенітницю. Скоро прийде до тями."

Хіба я не нормальна? Або, можливо, просто не їхній варіант "нормальності"?

Мене перевезли до палати. Коли мене везли по коридору, я побачила старого професора в кінці коридору. Завтра я мала складати важливий іспит, але єдине, чого я прагнула, — знову заплющити очі, відчути те Блаженство, побачити те Світло. "Чому? Чому? Чому?" — питала я себе, хоча насправді питання було не до себе, а до Них — тих, хто залишився за межами цього світу, куди мене змусили повернутися. "Я не хочу бути тут! Я не хочу повертатися!"

Занадто пізно, моя люба...

Професор кинувся до мене, щойно побачив мене на каталці. Він увійшов до палати, коли медсестри допомагали мені лягти на ліжко. Я лежала напівпритомна, з важким відчуттям розчарування й безпорадності.

— Що сталося? — запитав професор у медсестри поруч зі мною. — Сподіваюся, це не позаматкова вагітність?

Чомусь йому спало на думку, що я, його студентка, могла знепритомніти під час процедури через підозру на позаматкову вагітність. Це був перший діагноз, який міг прийти в голову гінекологу, побачивши жінку в такому напівсвідомому стані.

— Невже вас не вчили стукати? — різко відповіла я, голос прозвучав гостріше, ніж я мала намір.

Мене одразу охопило каяття. "Боже, це зовсім не те, що я хотіла сказати. Як я могла так відповісти моєму старому професорові?" Але слова вже вирвалися, і мій язик продовжував діяти сам по собі.

— Залиште мене в спокої! Усі — просто залиште мене в спокої!

Я міцно заплющила очі, прагнучи від'єднатися від усього, заснути чи, бодай, втекти в забуття — будь-що, аби знову побачити те Світло, відчути те Блаженство. Та замість цього я провалилася у величезну чорну порожнечу, де не було нічого: ні що бачити, ні що чути... лише тиша.

Довгий час я боролася з тягарем повернення до цього світу, знову і знову переживаючи свій політ у інший вимір. Спогади про ту подорож не покидали мене, переслідували. Знадобився час, але згодом я почала розуміти, чому мене відправили назад.

Одного дня, спостерігаючи, як граються мої маленькі діти, мене осяяло: я не могла їх залишити. Їм потрібні були моя любов, турбота, тепло. Як я могла коли-небудь бажати залишити цей світ, коли я була настільки потрібна своїм дітям? Як я могла прагнути далекого, потойбічного блаженства, коли найсправжніше блаженство було прямо переді мною — у щасливому сміху моїх дітей?

Рай — це не місце десь далеко, за межами цього життя. Рай тут, у моментах, які ми проживаємо й цінуємо, у любові, яку даруємо й отримуємо, і в радості, що знаходиться, коли ми приймаємо кожну мить нашого життя з повнотою й вдячністю.

***

Я вбігла у велику кімнату, де єдине світло виходило від мерехтливих вогників у каміні. Це був тихий зимовий вечір. Ангел зручно лежав на м'якому шкіряному дивані, тримаючи книгу в руках.

— Вибач, що запізнилася, — сказала я, влаштовуючись на пухнастому килимі біля вогню.

Ангел подивився на мене з ніжною усмішкою. "Як можна запізнитися у власний дім, у власну кімнату? До того ж, поняття 'запізно' не існує."

— Справді? — запитала я, зацікавлено. — Тоді що ж існує?

— Усе відбувається у свій час.

— І час відносний... — додала я, замислившись.

Ангел залишався мовчазним, ніби запрошуючи мене задуматися ще глибше.

— Чому тоді люди так люблять говорити 'це вже пізно'? — запитала я з цікавістю.

— Тому що люди самі створюють для себе перешкоди й обмеження, — спокійно відповів він. — Вони драматизують свої переживання, роблячи події більш остаточними, ніж ті є насправді.

— Я б зробила це, але тепер уже надто пізно змінювати що-небудь, — подумала я вголос. — Я чую це постійно.

— Це лише ілюзія, — пояснив Ангел. — Поки хтось не побудував у своїй свідомості ментальну перепону, що заважає йому досягти мети, поняття 'надто пізно' не існує. Обмеження часу з'являються лише тоді, коли розум їх вигадує.

— Саме так. Це лише слово, яким ми маскуємо свою нечесність перед іншими — але ніколи перед собою, — додала я.

Ангел усміхнувся і сказав:

— Ти — і добра учениця, і добрий учитель. Тож скажи, що ти маєш на увазі під нечесністю перед іншими? Чи, можливо, перед собою?

— Ні, коли йдеться про себе, людина точно знає, чого не хоче. Бо 'я хочу' не може бути умовним. Але через страх виглядати погано, люди говорять так, ніби хочуть щось зробити, водночас вигадуючи перешкоди, як-от обмеження часу чи інші самообмеження, як виправдання."

— Чи замислювалася ти коли-небудь, що багато людей, як ти кажеш, одночасно цього і хочуть, і бояться? — запитав Ангел. — Це створює внутрішній конфлікт, через який важко визначитися з вибором, навіть якщо зізнатися в цьому непросто.

— Зрештою, люди зазвичай обирають те, що найбільше відповідає їхньому настрою чи бажанню, так мені здається. Хоча я не зовсім впевнена. Рідко хто обирає щось, що суперечить їхнім істинним бажанням, навіть якщо ті бажання егоїстичні й переважають усе інше.

Ангел уважно слухав, киваючи на знак згоди. Як часто ми заганяємо себе в рамки уявних кордонів — жорстких, а іноді й абсурдних? Ніколи не буває запізно відчинити двері для того, кого щиро бажаєш бачити, якщо це справжнє бажання душі, а не порожні слова. Ніколи не пізно допомогти комусь у скруті — адже не кожному завжди потрібна допомога. Але як пояснити раптову смерть або втрату того, хто дорогий? У такі моменти ми кажемо, що діяти вже пізно.

Пізно, чи просто більше не той час? Можливо, це здається пізно з нашого погляду на час, але з позиції тих, хто вже існує в іншому вимірі простору й часу, все сталося саме вчасно.

— Чому ти не хочеш сказати мені своє ім'я? — порушила я тишу.

— Ім'я — це лише слово, вибране людьми з різних причин. Ім'я означає 'одного,' але, як я вже казав, я не один. У мене немає фізичної форми, і все, що ти бачиш, — це лише прояв через твою уяву.

— Чи це уява, що набуває форми через матеріалізацію? — запитала я зацікавлено.

— Не зовсім, — відповів Ангел. — Чи змогла б ти бачити Нас у всьому навколо, не потребуючи форми, в якій ти бачиш мене зараз?

— Важко уявити розмову з порожнечею, — сказала я, засміявшись, уявивши, як говорю в нікуди. Хоча, в певному сенсі, це можливо — багато хто розмовляє сам із собою. Але будь-яка розмова, по суті, вимагає принаймні двох: одного, щоб говорити, і одного, щоб слухати.

— Кожне ім'я несе в собі унікальне значення, — мовив Ангел.

— А як щодо імен ангелів і інших нематеріальних істот? — запитала я.

— Вони не мають жодного значення. Ми спілкуємося на рівні інформаційної енергії, де імена непотрібні. У нас немає і ніколи не було імен. Але пояснити це людям майже неможливо. Вони надають нам звання, титули, ранги, посади — ярлики, що відображають структуру їхнього людського світу.

— Я знаю, що означає моє ім'я.

— Олена. Воно означає 'Обрана.' Але має й інші значення.

— Так, воно походить з грецької. Довгий час я не могла зрозуміти, ким або чим я була обрана, — сказала я.

— А тепер? Розумієш?

— Так! Розумію. Обрана Життям, Тобою, Самою Собою. Просто Обрана. Але хіба всі люди не обрані? — запитала я Ангела.

— Всі люди обрані при народженні, хоча більшість забуває про це, — відповів він. — Для багатьох відчуття 'обраності' стає неважливим і замінюється прагненням наслідувати тих, кого вони вважають обраними.

— Ким обрані? Богом чи людьми?

— Всім і всіма.

— Ти хочеш сказати, що навіть негативні ідеали обрані вами? — запитала я, не стримуючи цікавість.

— Негативні ідеали часто створюються самими людьми, бо те, що для тебе є негативом, для когось може бути позитивом, — відповів Ангел. "Ти бачиш тільки негатив, забуваючи, що у кожної монети багато сторін."

— Багато, чи лише три?

Ангел усміхнувся і відповів:

— Чому б тобі не порахувати?

Я ціную ці миті, а, можливо, й години, коли можу бути з Ангелом. Хоча, правду кажучи, Він, або Вони, завжди поруч.

— Я хочу написати книгу про Тебе, — сказала я.

— Ти мала на увазі про нас? — м'яко перепитав Ангел. — Про всіх нас, включно з тобою.

— Я хочу поділитися знанням, яке отримую від Тебе, — пояснила я. — Але так часто просто не маю часу записати... і важко все запам'ятати.

— Тобі не потрібно пам'ятати все, — заспокоїв мене Ангел. — Ти вже знаєш, як і де знайти це знання. І знаєш, до кого звертатися з будь-яким питанням, і завжди отримаєш відповідь. Ми відповідаємо на кожне питання, яке ставлять люди; проблема в тому, що люди не завжди вміють слухати. Багато з того, що ти шукаєш, уже записано. Люди називають це 'людською мудрістю' або 'мудрістю цивілізацій.'

Все дійсно так просто! Ми так часто говоримо більше, ніж слухаємо. Коли ми говоримо, наш язик бере верх, а наші вуха ловлять лише звук власного голосу. Щоб по-справжньому почути іншу людину, достатньо зупинитися і прислухатися. А щоб почути те, що Вони говорять тобі, спершу потрібно очистити розум — звільнити його від своїх думок і від безлічі відповідей, які вже готові, навіть до того, як питання поставлено.

— Це буде моя улюблена книга, — сказала я.

— Це не так, — відповів Ангел із ніжною усмішкою. — Кожна книга, яку ти напишеш, буде улюбленою. Як ти можеш не любити власні творіння, так само, як батьки не можуть поділити своїх дітей на улюблених і нелюбих? Кожен твій твір — як дитина, у яку ти вкладаєш частинки себе: свої емоції, душу, життя і навіть матеріальні цінності.

Час пролітає так швидко — для мене, але не для Ангела. Як навчитися парити у часі, щоб він залишався на місці, а я могла рухатися вільно?

— Це просто. Подивися на все з перспективи часу, — сказав Ангел, легко читаючи мої думки.

— Добре, тоді я вирушаю! До нової зустрічі — поза часом і простором!

***

Моя перша зустріч із "потойбічними істотами" відбулася задовго до того, як я повністю зрозуміла цей світ, і вона була далеко не приємною.

Я була вагітною, коли раптом у мене розвинулося серйозне запалення легень та їхніх оболонок. Щодня мій стан погіршувався. На жаль, у лікарні я опинилася під опікою лікарів, які мало переймалися моїм здоров'ям, тим паче здоров'ям моєї ненародженої дитини.

Мені пропонували різні методи лікування, але ніхто не проводив ретельного обстеження. Я відмовлялася від нових, сильних антибіотиків, боячись нашкодити маленькій дитині — статі я ще не знала, як і того, чи вона виживе, адже я була лише на 16-му тижні. Моя перша вагітність закінчилася важкою хворобою після втрати плоду, тому ця вагітність була для мене надзвичайно важливою, як для жінки і як для матері, що сподівалася.

Мій стан погіршувався катастрофічно, не з дня на день, а з кожною годиною. Щось здавлювало мої дихальні шляхи, і я задихалася під час жахливих нападів задухи. Хоч у мене не було класичних симптомів пневмонії, я іноді відчувала, як рідина переміщається в легенях, коли я змінювала положення.

Лікарі зазвичай слухали мої легені, коли я лежала спокійно, тому їм було важко щось виявити. Вони могли лише сказати: "заглушене дихання." Було проведено пункцію грудної клітини, щоб витягнути рідину або принаймні отримати відповіді, але процедура була надзвичайно болісною і, зрештою, марною, залишаючи лікарів у ще більшому замішанні.

Одного дня до мене підійшла молода студентка-медик і почала розпитувати про мій медичний анамнез. Я запропонувала їй послухати легені, коли я змінювала положення. Те, що вона почула, приголомшило її — це звучало, як ревіння стрімкої річки. Стурбована, вона побігла до лікарів, намагаючись пояснити своє відкриття. Але замість того, щоб сприйняти її серйозно, вони посміялися. Тим часом, мій стан залишався без змін, а покращення не наставало.

Минув місяць, і лікар підійшла до моїх убитих горем батьків та чоловіка. "Найкраще було б забрати її додому," — сказала вона, — "щоб вона... могла померти у знайомій обстановці." Це був їхній вирок — не мій. Лікарі вже втомилися від впертої пацієнтки, яка відмовлялася від токсичної дози експериментальних антибіотиків і наполягала на збереженні вагітності.

Я запитала лікарів: "Якщо я погоджуся на антибіотики, який шанс, що моя дитина виживе без шкоди?"

— Таких шансів немає, — відповіли вони, — бо ці антибіотики суворо протипоказані при вагітності. Але ми зараз не думаємо про вашу дитину — вона навряд чи виживе. Вам потрібно вижити. Найкращий варіант — перервати вагітність.

— Та проведення аборту під час активної інфекції небезпечне, чи не так? — заперечила я. — Це означає, що я можу померти від анестезії, адже майже не можу дихати самостійно, або від самої процедури, враховуючи, наскільки я слабка. До того ж, існує ризик поширення інфекції через кров і лімфу. Які мої шанси пережити аборт?

— Дуже низькі, враховуючи ваш стан, — зізналися лікарі.

— Тобто я можу померти не лише від пневмонії та плевриту, але й від аборту та ризику поширення інфекції?

— Саме так, — підтвердили вони без вагань.

"Тоді який сенс у тому, щоб позбавити життя мою дитину, якщо і в нас обох шанси на виживання або смерть однакові?" Це було моє останнє питання.

Я так і не отримала відповіді. Але я відмовилася від аборту. Після цього лікарі фактично здалися, ніби винесли мені вирок. Вони відверто сказали моїм батькам: "Заберіть її додому, щоб вона могла мирно піти."

У палаті було вісім пацієнтів, усі з легеневими захворюваннями. Дві жінки мали явні ознаки активного туберкульозу — щось, що навіть я, як студентка четвертого курсу медичного факультету, могла легко розпізнати. Проте лікарі майже не звертали на них уваги.

Наперед скажу, що обидві жінки померли за кілька тижнів після моєї виписки, не переживши туберкульозного плеврального емпієму та абсцеси легень, які знищили їхні легені, можливо, через вторинні інфекції. Попри власні страждання, ці жінки доглядали за мною під час мого перебування в лікарні. Вони приносили мені воду, їжу й допомагали встати, коли я потребувала.

Вдень палата нагадувала вулик — жива, наповнена постійними розмовами пацієнтів та відвідувачів. Але вночі вона перетворювалася на симфонію кашлю, хропіння та стогонів. Я зовсім не могла спати, частково через напади задухи, частково через безупинний шум.

Почувши "вирок" лікарів, я годинами не могла заснути. Напівсидячи, я бездумно дивилася на стіни, стелю та сплячих пацієнтів. Єдине, чого я бажала, — це зануритися в сон, втекти від цієї палати і її стражденних мешканців, забутися, хоча б ненадовго. Але стискаючий біль у грудях не давав мені розслабитися, не кажучи вже про спокій.

І тоді, нізвідки, я помітила тінь у кутку, чорну, зловісну тінь.

Тоді я була вихована як атеїстка, але з якоїсь причини миттєво прийшла думка: "Ангел Смерті." Я поглянула на годинник, щоб переконатися, що не сплю: десять хвилин до четвертої ранку. Я ущипнула себе, і гострий біль підтвердив: я була цілком при тямі. Але тінь залишалася нерухомою, ніби чекаючи.

Не маючи іншого вибору, я опинилася втягнутою в дивний, мовчазний обмін, розмову не словами, а думками.

— Я прийшов за тобою, — промовила тінь у моїй свідомості. Її обличчя було приховане під складками чорного плаща, і я не могла бачити будь-які ознаки тіла чи голови, якщо вони взагалі були. Насправді я не можу точно сказати, чи промовила тінь "я прийшов" або "я прийшла." Все, що я знала, — це те, що хтось або щось прийшло за мною.

Дивно, але я не відчувала страху. Натомість мене охопив незламний спокій.

— Я не готова померти, — твердо заявила я, посилаючи думку назовні.

Тінь залишалася мовчазною.

— Слухай, — продовжила я, — всередині мене зароджується нове життя — дитина, яка має народитися. Тому я не маю права помирати. Знайди когось іншого, когось слабкого, немічного, чий час уже минув, хто вже не може насолоджуватися цим світом, і залиш мене в спокої. Я не можу померти. Я не помру.

Тінь ще трохи затрималася, а потім зникла, ніби її ніколи й не було.

Я намагалася осмислити це. Мені не хотілося вірити, що це було насправді, що я не спала і що це був не просто витвір розуму, виснаженого хворобою. І з цими думками я заснула.

Рано-вранці до палати ввірвався мій чоловік, помітно схвильований.

— Маємо погану новину, — сказав він, голос тремтів. — Моя няня, бабуся Ксенія, померла. Мене просять приїхати на похорон, але я не можу залишити тебе тут одну.

Його слова пробудили в мені холодний страх, але я змусила себе зберігати спокій.

— Коли вона померла? Ти знаєш, в котрій годині? — тихо запитала я.

— Не знаю точно, — відповів Юрій. — Десь рано-вранці.

— Їдь до села, — лагідно сказала я. — Попрощайся з нею. Не хвилюйся за мене, тепер зі мною все буде гаразд." Після паузи додала: "Будь ласка, дізнайся точно, о котрій годині померла бабуся Ксенія. Це важливо.

Я не наважилася розповісти навіть власному чоловікові про те, що сталося вночі. Не хотіла, щоб він неправильно мене зрозумів. Тоді ми не говорили про Бога, життя після смерті чи ангелів. Ми були молодими студентами, зосередженими на навчанні, й часу на такі речі просто не було.

Хоча чоловік не хотів залишати мене, я наполягла. Поки він був відсутній, мій батько випадково зустрів давнього знайомого — людину, яка займала важливу посаду в партійному керівництві. Під час розмови батько згадав про мою хворобу і те, що мене виписують додому. Глибоко зворушений моїм становищем, знайомий запропонував перевести мене до ексклюзивної лікарні, призначеної для комуністичних лідерів і високопосадовців — місця, де медичну допомогу отримували тільки «обрані народом».

Чоловік повернувся наступного дня. Я попросила його розповісти все про останні дні та останні хвилини життя його няні.

Бабуся Ксенія була вже досить старою, коли я вперше її зустріла. Вона жила зі своєю племінницею в маленькій, бідній хатині, ледве зводячи кінці з кінцями. Ми швидко здружилися, і вона часто ділилася історіями про дитинство мого чоловіка, спогадами про його сестру, матір і дядьків, за якими вона доглядала як няня, ще й ведучи господарство.

Останній рік свого життя бабуся Ксенія пережила кілька інсультів, що залишили її паралізованою. Вона померла близько четвертої ранку того ж дня, коли Ангел Смерті відвідав мене.

Довгий час я тримала те, що сталося вночі, у собі, намагаючись забути тінь і нашу розмову, як забувають сни, фантазії чи нічні жахіття. Я не хотіла стати об'єктом глузування серед своїх близьких, не хотіла, щоб мене називали "божевільною" чи радили звернутися "по допомогу."

Люди часто стають жертвами тих, хто не має доброти, щоб вислухати, або відкритості, щоб прийняти істину іншого, адже у кожного з нас є своя правда. Ми чуємо тільки те, що хочемо почути. Ми бачимо тільки те, що хочемо бачити.

Чи хотіла я побачити Ангела Смерті, навіть не вірячи в ангелів чи Бога? Одне я знала точно: я не хотіла помирати. Я була не готова. Я прагнула, щоб сталося щось, що змінить моє життя, а не відбере його. Це "щось" виявилося початком нового розділу. Я відчинила двері у СВІТ, об'єднавши матеріальне і нематеріальне в єдине поняття: сутність ЖИТТЯ у всіх його формах і проявах.

Я вчасно народила здорову, прекрасну дівчинку, і з самого початку між нами встановився теплий, щирий зв'язок, який лише зміцнів за роки.

Через рік і п'ять місяців я народила сина. Вагітність пройшла легко, і пологи були напрочуд безболісними. Наш хлопчик завжди посміхався, ніколи не вередував і наповнював наші дні радістю, приносячи нам величезне щастя, коли ми приймали батьківство всією душею.

***

Багато людей залишаються замкненими у штучних оболонках, ізолюючи себе від зовнішнього світу, особливо від інформації, яка ставить під сумнів матеріалістичні чи фізичні пояснення. Проте багато з того, що здається "незвичним," можна пояснити законами, які ми вже знаємо. Але чи насправді ми розуміємо всі закони Всесвіту? Кожна наука має прогалини, які поступово заповнюються з часом.

Як розвивається людство, так розвивається і саме Життя, а з ним і Наука. Сьогоднішня наука стоїть далеко попереду досягнень минулого століття, проте через сто років наше теперішнє розуміння здаватиметься примітивним у порівнянні з наукою майбутнього. У фізиці та хімії вже відбуваються зрушення, адже наше розуміння процесів, що розгортаються навколо нас, глибшає.

Проте залишається багато непоясненого, чи то через невігластво, чи через небажання досліджувати, або просто тому, що ми ще не досягли рівня розвитку, необхідного для усвідомлення істин, які виходять за межі нашого теперішнього розуміння.

Я завжди любила вчитися, жадібно всмоктуючи інформацію, як губка. Але це лише перший крок до розуміння світу. Інформації так багато, що вона легко губиться в "звивинах" нашого розуму. Тому аналіз життєво необхідний: він дозволяє сортувати й організовувати знання у значущі категорії. І все ж, можна нескінченно довго сортувати. А що далі? Справжній виклик — застосувати те, що ти дізнався, інтегрувавши його у Велику Мудрість Життя.

Приблизно через пів року після народження сина в мене був "політ через тунель" і дивна зустріч із істотами, які, на мій погляд, не були людьми. Цей досвід був сповнений блаженства, і мені зовсім не хотілося повертатися до земної реальності. Але я намагалася не занурюватися в ці спогади надто часто, бо це тільки посилило б моє прагнення пережити це блаженство знову і знову, без кінця.

Вірити в те, що сталося, мені було важко. З одного боку, я знала, що це не просто витвір моєї уяви. Але без наукового пояснення мені було легше поховати це "відкриття" десь глибоко в підсвідомості, сподіваючись, що воно не вирине несподівано.

Єдине, чого я справді хотіла від Них, — це захисту й підтримки для моїх дітей. Я зробила простий запит: "Мої діти — найцінніші скарби мого життя. Якщо ви існуєте і якщо ви справді всемогутні, бо ви — БОГ, — тоді попередьте мене, коли їм загрожуватиме небезпека. Це все, що я прошу."

Як це було дивно: попри те, що я не вірила в існування Егрегора, я довірила Йому найдорожче

— своїх дітей. Чи була це сліпа довіра? Ні. Частина мене хотіла бути сліпою, тримаючись за розум і сумніви. Але моя підсвідомість мала інші плани. Вона не підкорялася логіці, відмовляючись піддатися холодним, раціональним думкам, які я так намагалася утримати.

Довгий час я не розуміла, що навіть формулювання мого прохання було хибним: я лише просила про попередження, але не повірила до кінця в божественний захист. Глибоко всередині я не довіряла нікому, окрім себе, у питаннях безпеки своїх дітей. І все ж, Бог виконав моє прохання.

Попередження почали приходити уві сні, яскраво демонструючи, що може статися з моїми дітьми, якщо я не діятиму для їхнього захисту. Я завжди приходила вчасно і попереджала своїх батьків: "Я отримала повідомлення. Не дозволяйте дітям робити те чи інше. Не залишайте їх без нагляду, поки мене немає." Невдовзі я зрозуміла, що мої "інформатори" ніколи не підводили мене.

Проте я продовжувала триматися за переконання: Ви — це Ви, а я — це я. Ми можемо співіснувати, але я не хочу мати з Вами жодних справ.

Лише згодом я зрозуміла, що немає захисту більшого, ніж той, що надходить Згори. Зрештою, я повністю здалася і попросила такого захисту для своїх близьких, довірившись цілковито Силам, які існують і зовні, і в мені.

Ці Сили — надзвичайно потужні. Все, що вони вимагають, — це віра і готовність довіряти їм беззастережно.

Одного дня моя донька повернулася додому після відвідування монастиря з родичкою. На її зап'ясті була червона нитка, а на шиї висів чорний шнурок із вузликами. Здивована, я запитала:

— Що це?

— Це має захищати мене від злих духів, — відповіла вона, хоча в її голосі вчувалася нотка сумніву. — Принаймні так сказала черниця.

Мені важко було повірити, що людина віри порадила б такий захист.

— Скажи, ти віриш у Бога? — лагідно запитала я.

— Так, вірю, — впевнено відповіла донька.

— Щоранку і щовечора ти молишся, просячи прощення і захист, так? — продовжила я. — І щодня, 24 години на добу, ти носиш хрестик на ланцюжку, вірячи, що він теж тебе захищає, так?

Донька кивнула на знак згоди.

— Ти знаєш, що Бог скрізь. Ти віриш, що ангели оберігають тебе, правда?

— Так, вірю, — відповіла вона.

— Тоді скажи, чи не є зрадою до цього довір'я до Бога замінювати Його постійний, могутній захист шматочком нитки, лише тому що тобі порадила це 'духовна постать' — черниця? Або ти думаєш, що, коли ти спиш, Бог теж спить, і тому тобі потрібні ці нитки навколо тіла, щоб захиститися від злих духів? І хто сказав тобі, що такі духи взагалі мають якусь владу над тобою?

Донька уважно слухала, ще занадто юна, щоб повністю зрозуміти логіку моїх заперечень. Але через мить вона зняла нитки і усміхнулася.

— Ти права. Хто може бути могутнішим за Всевишнього? Якщо я прошу Його захисту і вірю в нього, хто ще може бути сильнішим? — сказала вона.

Люди часто зраджують своїм переконанням і ідеалам, слідуючи фальшивим упередженням, нав'язаним іншими. Наш розум відкритий для певних ідей, озвучених одними, та закритий для тих, що висловлюють інші. Але врешті-решт ми поглинаємо лише те, що самі обираємо прийняти. Розум діє як фільтр, захоплюючи тільки ту інформацію, на яку він налаштований.

Цей процес нагадує виховання. Коли мати каже дитині за столом користуватися виделкою та ножем замість того, щоб їсти руками, багато дітей приймають урок і слідують порадам батьків. Але деякі діти ігнорують ці настанови, поки їх не покарають кілька разів або поки вони не почують ту ж саму пораду від когось, чиї слова важать для них більше, ніж батьківські.

Однак, коли йдеться про ідеологію, релігію чи віру, кожна людина повинна мати свободу свідомого вибору. Усвідомлення п'ятирічної дівчинки не можна порівнювати з розумінням тридцятирічної жінки. І все ж, жодна дитина не повинна бути примушена до чогось через страх, особливо, якщо при цьому згадують Бога чи інші вищі сили.

***

Я часто чую, як люди кажуть: "Це воля Божа" або "Можливо, Бог цього не хоче." Такі фрази зазвичай з'являються, коли хтось розчарований тим, що їхні мрії не здійснилися в бажаний час. Ці висловлювання надзвичайно шкідливі, оскільки підривають не лише віру людини в себе, а й у майбутнє, яке вона уявляла для себе і своїх близьких.

Хто ми такі, щоб стверджувати, що знаємо, чого бажає Бог або що Він думає про кожного з нас? Від Всевишнього я відчуваю лише чисту, безумовну любов, бо Бог є Любов. Хоча в мене були моменти відчаю і сумнівів, вони були скороминущими, породженими лише короткими хвилинами жалості до себе.

Так само, як мати ніколи не побажає хвороби, нещастя чи невдачі своїй дитині, і як учитель не хоче для своїх учнів незнання чи поганих оцінок. Як же тоді хтось може заявляти, що ми покарані, бо "це саме те, що хоче Бог"? Особливо боляче, коли такі заяви лунають від тих, хто вважає себе посередником між Богом і людьми — духовних лідерів, які повинні дарувати надію, а не розчарування.

Був час, коли я занурилася в книги про духовний розвиток, парапсихологію та релігію. Раз по раз я зустрічала розповіді про людей, які називали себе різними іменами: ясновидці, медіуми, парапсихологи, духовні лідери, метафізики, провісники та інші - яких вів дух із іншого світу, присутність, що мала власне ім'я. Це викликало в мені питання: коли ж я отримаю такого Вчителя? Коли досягну рівня, на якому двері до глибших законів всесвіту відчиняться для мене?

Я опинилася в безмовному діалозі з Кимось, чиє ім'я я не могла знати, хоча знала багато імен, приписаних Йому. Я сподівалася, що Вчитель з'явиться в якомусь видимому образі, який міг би вмістити мій розум. Але ззовні цей зв'язок здавався розмовою в порожнечу, спілкуванням із тишею. У мене не було нічого, на що можна було б вказати — ні духовного провідника, ні втіленого образу, що відповідав би межам людського розуміння. І на деякий час це залишило мене розчарованою, навіть спантеличеною.

Але з часом прийшло розуміння. Ангел — не мій Вчитель, не в тому сенсі, в якому я колись це уявляла, бо ангел — це не лише окрема сутність чи просто дух. Істина відкрилася мені: моїм Вчителем завжди був Бог — Всевишній, Безмежне Енергетичне та Інформаційне Поле Всесвіту. Називайте це як хочете, так, як розуміє ваше серце. Важливо те, що мій зв'язок із цим Джерелом не потребує посередників.

Я свідомо обрала шукати знання безпосередньо від Джерела, і в цьому виборі я знайшла спокій. Це наповнило мене тоді і продовжує живити зараз — тиха впевненість, що я йду поруч із Тим, хто не потребує ані форми, ані імені, ані обличчя — лише любові та істини.

Посередництво не завжди корисне; часто воно навіть призводить до неправильного сприйняття, як у грі в "зіпсований телефон." Пам'ятаєте, як це було? Ми вишиковувалися в ряд, і перша людина шепотіла слово на вухо наступному. Потім це слово передавалося далі від "телефону" до "телефону," і так аж до останньої людини. Наприкінці кожен називав те слово, яке почув, а той, хто помилився, переходив у кінець черги.

Хоч це була лише весела дитяча гра, вона несе в собі важливий урок: чим більше посередників між джерелом і адресатом інформації, тим більша ймовірність її спотворення. Кожен посередник фільтрує повідомлення через власне розуміння, інколи з помилками, свідомими чи ні. Ці неточності можуть призвести до значних непорозумінь і навіть мати небажані, а інколи шкідливі наслідки.

Саме тому я віддаю перевагу усуненню посередників при отриманні чи передаванні знань, незалежно від ситуації. Коли йдеться про спілкування з всесвітом, я обираю бути антеною — отримувати повідомлення безпосередньо, чистими та без фільтрів.

Щоб пояснити, що я маю на увазі, наведу простий приклад. Зараз ви читаєте книгу, яку я написала, і вона виступає як джерело інформації.

Проте, наскільки точно це джерело відображає Першоджерело, ви можете лише здогадуватися, і кожен з вас інтерпретуватиме та сприйматиме її зміст відповідно до власних переконань. У цьому випадку Першоджерелом є мій життєвий досвід і знання, які я накопичила за роки життя.

Тепер уявіть, що один із ваших знайомих каже: "Гей, я читаю книгу Олени Березовської про її розмови з Ангелом." Потім ця людина переказує вам зміст книги. Пізніше ви зустрічаєте когось іншого, хто теж читав книгу, але його розповідь значно відрізняється від першої. У результаті ви отримуєте кілька версій одного і того ж матеріалу, кожна з яких відбиває особисте сприйняття оповідача. Так само буде безліч думок та інтерпретацій моєї книги. Але наскільки точно ці думки й перекази відобразять початковий зміст?

Якщо ви хочете отримати найбільш достовірну інформацію, намагайтеся мінімізувати залежність від посередників. Посередники можуть лише служити сполучними ланками, об'єднуючи різні частини шляху, який веде вас туди, куди потрібно, допомагає знайти те, що ви шукаєте, або знайомить із людьми, яких вам судилося зустріти.

Ангел підтримує мене й з'являється у символічній формі, коли мені потрібен Вчитель — "особа," яка допоможе мені, як друг чи супутник. В інших ситуаціях я не бачу його (або Їх), але все одно можу спілкуватися з ним на ментальному рівні.

***

Люди часто кажуть мені, що я маю дар — здатність без зусиль налагоджувати зв'язок із тими, кого інші або бояться, або марно шукають, але не знаходять, або ж заперечують їхнє існування. Хоча я вже згадувала, що колись вважала себе атеїсткою, цей ярлик не повністю відображає складність моїх переконань. Нас називали атеїстами, тому що ми виросли під комуністичним режимом, де жодні ідеали не могли існувати поза догмами Комуністичної партії. Для Бога не залишалося місця, адже Ленін, революційний лідер, був своєрідним богом.

Я ніколи не вірила в Леніна чи в Комуністичну партію. Насправді я не раз відмовлялася вступити до партії й так і не стала її членом. Я не заперечувала існування Бога, але й довго не могла прийняти цю ідею. Я не була ворожою до віри — лише байдужою. Мій єдиний серйозний конфлікт через релігію трапився з моєю бабусею, глибоко й щиро віруючою людиною.

Одного дня я з дитячою самовпевненістю заявила їй: "Бога немає! Юрій Гагарін літав у космос і не побачив там Бога. Тож ти помиляєшся, бабусю."

Її реакція була миттєвою й пристрасною. Ах ти, шибениця!" — вигукнула вона, використовуючи одне з улюблених висловів. "Я тобі покажу космос! Я тобі покажу Гагаріна! Звідки ти знаєш, що він там бачив? І звідки ти знаєш, чи він говорить правду?"

Перш ніж я встигла щось відповісти, вона схопила вила. У паніці я вилізла на найближчий стіг сіна і просиділа там годинами, чекаючи, поки вона заспокоїться. З того високого місця світ здавався величезним і незбагненним, і я засвоїла важливий урок: деякі суперечки не варто вигравати.

Це був перший і останній раз, коли я вступала в суперечку про релігію.

Спостерігаючи за світом, я поступово усвідомила, що є невід'ємною частиною Всесвіту. Хоча багато людей не вірять у Бога, вони вірять у Природу та її еволюційні процеси, біоінформаційне поле Землі чи енергетичне поле Всесвіту.

Якось я прочитала в книзі, що, якщо людина хоче бути почутою, їй потрібно просто попросити про це й зачекати, залишаючи двері своєї душі, чи свідомості, як вам більше до вподоби, широко відкритими. Натхненна цією ідеєю, я завжди намагалася залишатися відкритою для позитивної енергії, корисної інформації та значущих контактів. Спочатку у мене не було чіткої мети, я не знала, яким шляхом іти чи в які двері стукати. Але сьогодні можу з упевненістю сказати, що значущий контакт може відбутися в будь-який момент — вдень чи вночі, на будь-якому етапі життя , якщо ви відкриті й готові його прийняти.

Швидше за все, ви вже отримували інформацію Згори через безліч каналів, навіть якщо не усвідомлювали цього повністю. Часто ми ігноруємо такі моменти, відмахуючись від них як від випадковостей, дивних подій чи навіть чудес. Але правда в тому, що в цьому світі немає нічого випадкового. Кожен процес плавно перетікає в наступний, рухаючись від одного рівня до іншого в безперервному й цілеспрямованому ритмі.

***

Минуло кілька років від мого "польоту через тунель." Одного дня, готуючи на кухні, я почула голоси з сусідньої кімнати. Ні, це були не голоси духів — це був телевізор. Діти, мабуть, забули його вимкнути.

На екрані йшла програма "Очевидне і неймовірне" — захопливе шоу про явища, які наука не може повністю пояснити, незвичайні події та видатні наукові досягнення. Епізод підходив до кінця, і єдине, що я встигла побачити, — це демонстрація деяких фотографій.

Ведучий пояснював, що команда вчених з дослідницького інституту проводила експерименти. На їхній подив, невелика тонка замкнена петля, підвішена на ніжній нитці, час від часу зникала з поля зору. Що робило це явище ще більш вражаючим - його вдалося зафіксувати на камеру.

Фізики не змогли надати чіткого пояснення цьому феномену. Єдина гіпотеза, яку вони висунули, полягала в тому, що в певні моменти петля, можливо, переходила в інший вимір простору й часу. Вони припускали, що вона могла діяти як канал чи антена, на мить з'єднуючи різні реальності.

Фотографії, які я побачила на екрані, могли бути вигадкою, навіть якщо їх представив шанований науковий інститут. Мене зачепило не те, що петля зникала, і навіть не самі фотографії. Найбільше мене вразила раптова думка: за певних умов будь-який об'єкт, навіть людина, може стати таким каналом чи антеною.

Це усвідомлення підштовхнуло мене провести власний експеримент. Оскільки в мене не було спеціальної петлі, як у програмі, я вирішила використати щось простіше: швейну голку. Я прив'язала голку до нитки, не зважаючи на її колір чи довжину, і затисла кінець нитки між двома пальцями правої руки, оскільки я правша. Я дозволила голці вільно висіти переді мною.

Але що далі?

У мене не було чіткого плану, тож я просто спостерігала. На моє здивування, голка почала рухатися, повільно розгойдуючись по колу, за напрямом годинникових стрілок. Спочатку я подумала, що, можливо, цей рух викликає пульс у моїй руці. Щоб виключити це, я зафіксувала руку у максимально зручному положенні. Та голка продовжувала свій ритмічний рух.

Тоді я подумала, що рух може впливати моє дихання. Але без спеціальної петлі з експерименту мені довелося імпровізувати. І тут спала на думку ідея: чому б не використати свою обручку?

Зрештою, обручка — це теж замкнене коло, правда? А оскільки кільце набагато важче за голку, воно менш схильне реагувати на пульс або подих, забезпечуючи більш достовірний результат.

Кільце почало рухатися по колу — точно так, як і голка. Але щойно я прикріплювала кільце до іншого предмета, уникаючи прямого контакту з рукою, рух зупинявся. І тут мене осяяло: я була провідником — антеною, а не кільце. Але якщо я дійсно приймала якісь вібрації, звідки вони надходили?

У моїй свідомості промайнула думка: "Здається, я розмовляю з Тобою..."

У ту ж мить круговий рух кільця змінився на рівномірне розгойдування вперед і назад — у мій бік і від мене.

— Ти хочеш сказати, що це не просто марення божевільної? — запитала я.

Відповідь прийшла чітко: "Так."

— А з ким я розмовляю? З Богом?

Знову відповідь: "Так."

Все це здавалося абсолютно абсурдним — просто смішним! І все ж я не могла ігнорувати свій минулий досвід: видіння тієї ночі, коли померла моя няня, політ через тунель, пророчі сни, що попереджали про небезпеку для моїх дітей. З одного боку, я відчувала опір як людина, вихована на вірі в науку та логіку. Але з іншого боку, мене переповнювала цікавість і відкритість — бажання зрозуміти глибші закони Всесвіту.

Релігійні лідери часто вселяють людям почуття меншовартості перед Богом. Проте в Біблії є чудові слова: "Якщо тісто святе, то і хліб святий." Оскільки ми є частиною Всесвіту, частиною Творіння і виразом Божої Ідеї, а отже, частиною Бога, ми не можемо вважати себе "нижчими" чи почуватися меншовартісними перед оточенням, яке також є невід'ємною частиною цього цілого. "І створив Бог людину за образом Своїм." Це привід для радості, а не для того, щоб відчувати себе черв'яками, що повзають по землі. Але тоді я ще не знала і не розуміла цього.

Пізніше я дізналася, що стародавні римляни використовували кільце на нитці, щоб перевірити, чи безпечна їжа, особливо під час тривалих військових походів. Вони просто питали: "Чи можна це їсти?" або "Чи безпечна ця їжа для мого здоров'я?" Якщо відповідь була позитивною, кільце гойдалося вперед і назад. Якщо ж відповідь була негативною, воно хиталося з боку в бік.

Я почала використовувати цей метод, щоб перевіряти гриби, які ми збирали в лісі. Хоча мама навчила мене традиційного методу — кидати цибулину у воду з грибами, щоб побачити, чи зміниться її колір на синій, — я завжди покладалася на кільце для додаткової впевненості.

Я поставила Їм безліч питань і отримала відповіді — одні бентежили мене, інші шокували. Спочатку я сприймала ці обміни як гру. Але з часом усвідомила кілька важливих істин:

- Кожне питання отримає відповідь, але не кожну відповідь буде легко зрозуміти чи прийняти.

- Щоб відповідь була максимально точною і наближеною до Першоджерела, розум має бути вільним від упереджень і очікуваних відповідей. Під час спілкування потрібно дотримуватись позиції "передача сигналу — прийом сигналу," залишаючи осторонь емоції, упередження та очікування. Або ж підходьте до цього, як учень до вчителя: запитайте й терпляче чекайте на відповідь.

- Якщо відповідь виявляється незручною чи неприємною, не реагуйте з гнівом або скептицизмом. Будьте вдячні. Це означає, що ви досягли рівня, на якому ваші думки більше не заважають процесу отримання інформації.

- Якщо відповідь виявиться неточною, тепер чи в майбутньому, це може означати, що це була одна з ваших попередніх ідей або ви неправильно зрозуміли повідомлення. Це також нагадування, що люди завжди мають свободу волі. Життя пропонує безліч шляхів, і у вас завжди є кілька варіантів для вибору.

- Не перетворюйте це спілкування на ворожіння чи гру для розваги, особливо не робіть цього заради розваги інших. Я навчилася цінувати ці взаємодії як глибокі уроки невідомого. Я звертаюся до цього зв'язку, коли мені потрібно прийняти важливе рішення, але я відчуваю сумніви чи страх. Завдяки цим обмінам страх і сумніви стали рідкісними супутниками в моєму житті.

Тепер я веду ці розмови лише задля радості, яку вони приносять, бо саме так і має бути.

Якось я читала висловлювання кількох популярних авторів, які радять не турбувати "духів" чи "потойбічний світ" без вагомої причини. Але хто, окрім самої людини, може дійсно знати, наскільки важливо їй отримати певну інформацію — для прийняття важливого рішення чи для заспокоєння душі?

Звісно, якщо спілкування стає грою, відповіді це відобразять і трактуватимуться як гра. Крім того, люди схильні прагнути контакту з тими, кого диктує їм уява. Якщо хтось очікує зустріти дух покійної душі, то саме це й отримає. Якщо він вірить, що на його питання відповість джин із лампи Аладдіна, — так і буде. А якщо хоче зустріти ангела — з крилами, — то ця зустріч відбудеться, і ангел з'явиться з крилами.

***

У спілкуванні важливо відпустити страх — ніхто не має наміру вам нашкодити, принизити чи засудити. Звільніться від усіх негативних емоцій. Існує закон невтручання, який надає кожній людині право на вибір, незалежно від того, як інші до нього ставляться. Який би шлях ми не обрали, його буде прийнято. Якщо ми потрапимо в скрутну ситуацію, нам потрібно попросити про допомогу, бо без нашого запиту ніхто не втрутиться. Вибір не просити про допомогу також залишається вибором, і його буде поважено. Якщо ви відчуваєте, що переповнені викликами, страхами чи негативними емоціями, не вагайтеся попросити про допомогу. Вона прийде — завжди.

Страх може завдати великої шкоди, навіть перевернути життя з ніг на голову. Але з Ними ви завжди можете відчувати себе в безпеці. Довіряйте Їм завжди.

Хоча строгих правил для спілкування немає, ось кілька порад, які допоможуть вам орієнтуватися в ньому:

- Довіряйте новим емоціям і відкриттям, навіть якщо ваш розум до них не готовий.
- Не бійтеся нічого.
- Якщо виникає страх, залишайтеся спокійними — не піддавайтеся паніці.
- Якщо отримуєте попередження, уважно прислухайтеся до нього, перш ніж зробити наступний крок на шляху до відкриття.

У своєму житті я пережила кілька захопливих випадків. Одного разу я прочитала, що деякі люди, під керівництвом своїх духовних вчителів, досягають такого рівня майстерності, що можуть рухатися в просторі й бачити те, що не виявляється звичайним зором — використовуючи щось, що можна назвати "баченням свідомості."

Наприклад, вони можуть мандрувати всередині власного тіла і спостерігати за роботою органів на власні очі.

На той час я не думала, що маю духовного вчителя, і не розуміла, як можна побачити свої внутрішні органи зсередини. Я навіть не була впевнена, чи готова до такого досвіду, але моя цікавість переважила.

Як мати, дружина, домогосподарка, лікар і дочка водночас, я рідко мала вільний час. Єдині хвилини спокою настали ввечері та пізно вночі, коли всі в домі спали, а навколо панувала глибока тиша.

Одного вечора, лежачи на дивані, я почала захоплюватися думкою — як неймовірно було б побачити свої органи зсередини, спостерігати за кожною деталлю зблизька. Але як досягти цього? Ніхто ніколи не вчив мене. Тож я імпульсивно запитала: "Якщо це не надто складно, чи можу я пережити те, що відчували ці просвітлені люди?"

Відповідь надійшла миттєво: так, але за двох умов. Перше: я не повинна відчувати страху. Друге: я не повинна намагатися зрозуміти, як працює мозок чи осягнути природу свідомості. Я погодилася на ці умови.

Коли моє тіло поступово розслабилося, я почала відчувати дивне відчуття дуальності в собі. Як гінеколога, мене особливо цікавила робота моїх яєчників. І раптом я побачила їх, але це "бачення" існувало в особливому вимірі, що дозволило мені сприймати їх одночасно зсередини й ззовні. Це було незвичне, але приємне відчуття.

Я спостерігала за домінантним яєчником, де дозрівала яйцеклітина, і, найважливіше, все виглядало цілком нормально. Потім я "подорожувала" по кровоносних судинах, піднімаючись угору до серця. Найдивовижнішим було те, що мій рух органами слідував не якомусь заданому шляху, а за течією моїх думок і намірів.

Описати внутрішнє функціонування органів, побачене в такому "внутрішньому" вимірі, — нелегке завдання. Але найбільше мені запам'яталася яскравість кольорів — живі, насичені відтінки тканин.

Зараз, багато років потому, з появою комп'ютерів, ми можемо візуалізувати багато процесів, які відбуваються всередині нашого тіла, за допомогою спеціальних програм. Тоді ж я навіть не знала, що таке комп'ютер.

Нарешті я опинилася всередині свого серця, що билося. Я спостерігала за роботою клапанів, як вони перекачували кров із передсердь до шлуночків. Це було настільки захопливо, так красиво, що я не була готова сприйняти це як реальність — і в цей момент мене охопив страх. Мигцем паніка затопила мою свідомість, і я відчула невідкладну потребу вийти з цього стану. Я покинула серце так швидко, як могла.

Раптом гострий біль пронизав грудну клітку. Паніка посилилася: А що, як я помру? Чому це відбувається?

Потім з'явилося повідомлення: "Ти забула попередження. Ти не довірилася Нам у цій подорожі по своєму тілу. Замість цього ти піддалася страху, засумнівавшись у реальності побаченого."

Яка ж я боягузка, подумала я гірко. Я усвідомила, що не була готова прийняти інформацію, яку раніше вважала неможливою, — і раптом, у момент неочікуваного прозріння, зрозуміла, наскільки вона справжня.

Такий страх — не рідкість. Люди відчувають його, коли нарешті стикаються з болісною правдою, як-от виявленням зради партнера — те, що, можливо, вони підозрювали давно. Але ми противимося прийняттю таких істин, поки не зіткнемося з ними напряму. Нам потрібно побачити своїми очима і почути своїми вухами. Так ми влаштовані.

Я довго розмірковувала над своєю "подорожжю через тіло," знову й знову прокручуючи в голові кожну мить, кожен образ, що з'явився перед моїми "внутрішніми очима." Я була вдячна за те, що мала силу волі не піддатися спокусі дослідити роботу свого мозку — адже хто знає, до яких наслідків могла б призвести така цікавість?

***

У цьому світі безліч людей називають себе ясновидцями, екстрасенсами, всесильними ворожками, медіумами, метафізиками, чаклунами та іншими. Я зустрічала деяких із них і читала книги, написані різними авторами, зокрема й звичайними шахраями, що працюють у цій сфері.

Мені завжди було цікаво, наскільки правдиві ці люди: чи дійсно вони володіють тими здібностями, про які заявляють, обіцяючи чудеса, зцілення від усіх хвороб і багато іншого. Наскільки складно відрізнити справжній дар від підробки? Для недосвідченої людини це може бути важко, але з досвідом і знаннями це стає набагато легшим.

Ваше тіло і душа стають барометром, тонко налаштованим на розрізнення правди і фальші з вражаючою точністю. Проте важливо пам'ятати: ваша душа повинна бути чистою.

А що робити, якщо ви все ще сумніваєтеся? Що тоді?

Запитайте Їх. Запитайте Ангела. Іноді достатньо простого "так" або "ні" — лише одного слова, щоб допомогти вам ухвалити правильне рішення.

Існує безліч підручників із розвитку спеціальних чуттів та посилення існуючих здібностей. Наскільки вони ефективні — це вирішувати читачам і практикам. Ціла галузь знань, відома як менталізм, досліджує прихований потенціал людської свідомості. Менталісти стверджують, що немає нічого надприродного — більшість того, що здається неможливим, цілком досяжне для розуму.

За допомогою відповідних вправ можна досягти майстерності майже в усьому: зціленні, пророцтвах, спілкуванні з духами, подорожах у просторі й часі або виконанні магічних трюків.

Основною умовою для досягнення майстерності є відсутність опору. Людина повинна залишатися відкритою, повністю зосередженою на своїй меті й вільною від внутрішніх конфліктів. Чесність із самим собою, наполегливість і послідовність у практиці є життєво необхідними.

У мене не було часу на спеціальну практику, щоб відточувати свої відчуття, працюючи з людьми чи предметами. Однак, коли виникала потреба, я могла відчути і побачити те, чого не бачили інші. Часто, працюючи з пацієнтами, мої руки діяли як природний "рентген," дозволяючи мені візуалізувати внутрішню структуру органу. Шкіра людини ставала наче екраном, що проєктував стан глибинних органів на свою поверхню.

З часом кінчики моїх пальців розвинули здатність вловлювати навіть найменші зміни в температурі тіла і відчувати потоки біоенергії — навички, що стали неоціненними при діагностиці злоякісних пухлин. Злоякісна пухлина схожа на чорну діру в космосі: вона поглинає енергію, але майже не використовує її.

Навіть невелике скупчення злоякісних клітин, які живуть і ростуть за власними автономними законами, можна виявити як холодну пляму — вони висмоктують енергію з навколишніх клітин і тканин.

Одного дня я попросила Їх дозволити мені відчути ту енергію, яку використовують деякі цілителі. Я не знала, як вони акумулюють цю енергію або спрямовують її в свої руки. Відповідь прийшла миттєво: щойно я розслабилася, я відчула потужний потік білої енергії, схожий на яскраве біле світло, що лилося з верхівки моєї голови й текло в руки.

Мої руки почали відчуватися ніби роздуваються, розширюючись, як велетенські боксерські рукавички. Відчуття було настільки сильним, що стало важко тримати кулаки стиснутими. Я сиділа, зачарована, розглядаючи свої руки з недовірою.

Мій чоловік сів поруч і запитав:

— Що відбувається?

— Не знаю,— відповіла я. "Що сталося з моїми руками?

Я розкрила долоні й тримала їх одна навпроти одної. Потужний потік енергії плинув між ними, як між двома пластинами трансформатора, що дзижчать зарядом. Заінтригований, мій чоловік просунув руку між моїми долонями — і миттєво його волосся на руці стало дибки.

Здивований, Юрій швидко відсмикнув руку. "Що це було?" — запитав він з розширеними очима.

— Нічого особливого — просто енергія, — відповіла я з усмішкою.

Знадобилося кілька хвилин, щоб потік енергії поступово вщух. Потроху мої руки розслабилися і перестали "горіти" тією дивною, потужною енергією.

Але залишилося глибоке відчуття задоволення — тепер я розуміла, що відчувають деякі цілителі під час сеансів.

Не поспішайте припускати, що вам бракує незвичайних відчуттів — часто саме ми закриваємо двері до цього виміру сприйняття. Якщо знайдете час згадати свій минулий досвід, то, ймовірно, виявите чимало випадків, коли ваші внутрішні почуття керували вами: пропонували підказки, допомагали долати труднощі або спрямовували на правильний шлях.

Задумайтеся про ведення спеціального зошита, в якому ви записуватимете все, що сприймаєте як сигнал або руку допомоги з Небес. З часом ви зрозумієте, що відповіді на ваші питання завжди були поруч — просто ви не завжди були відкриті для їх усвідомлення.

Ви також можете попросити Бога допомогти вам знайти власні двері у цей дивовижний світ невідомого — світ, який існує як всередині, так і поза межами вашої свідомості. І ви виявите, що відповідь завжди буде "так."

***

Спілкування з Ангелом — це завжди радість, воно викликає відчуття світла й тепла. Просто його присутність приносить комфорт і спокій, огортаючи вас затишком. А в складні моменти життя ця підтримка стає особливо цінною і важливою.

Колись у мене була близька дружба з людиною, чоловіком, чию думку я дуже цінувала. Він часто казав мені: "Наша дружба — це як масивна кам'яна брила, міцна і незламна, як і ти. Ніхто й ніщо не зможе її зруйнувати." Я вірила його словам. Але час не визнає абсолютів — він не терпить жорсткості й упевненості. Всесвіт реагує не на наші гучні декларації, а на думки, які несуть найбільшу енергію в собі.

Знала я одну жінку, яка, коли мова заходила про розлучення друзів, завжди гірко казала: "Я ніколи, нізащо не вийду заміж за розлученого чоловіка, особливо якщо в нього є діти, і тим більше за когось старшого." Але, зосереджуючись так сильно на тому, чого вона найбільше боялася, її "ніколи" стало реальністю швидше, ніж вона очікувала. Зрештою вона вийшла заміж за старшого розлученого чоловіка з трьома дітьми. Чи був її шлюб через любов, чи через його статки і становище — це її особиста справа. Але вона отримала саме те, на що вкладала так багато ментальної енергії.

Саме тому, коли люди запевняють мене словами на кшталт "ніколи," "нічого," "ніхто," "назавжди," "на все життя," "обіцяю," або "раз і назавжди," я не можу не посміхнутися. Життя завжди має свої сюрпризи. Щойно хтось фіксується на чомусь з такою силою, він уже прямує до цієї самої реальності — усвідомлює це чи ні.

Незабаром обставини змінилися, і мій "друг" почав боятися спілкування зі мною. Йому було важко зрозуміти деякі мої дії й слова. Глибоко релігійний, він дотримувався традиційної віри, що ускладнювало для нього прийняття того факту, що я — людина, далека від релігійності, могла отримувати осяяння безпосередньо від Джерела.

Я була занадто відверта й безтурботна у своїх висловлюваннях, що врешті призвело до болісного коментаря: "Ти впевнена, що з тобою все гаразд? Може, тобі слід звернутися до лікаря?" — маючи на увазі психіатра.

Були й інші незручні моменти, пов'язані з його особистим і сімейним життям, оскільки він переживав надзвичайно важкий період.

Мистецтво висловлювати свої думки водночас витончено і розпливчасто, щоб уникнути сприйняття як ірраціональної особи чи загадкової душі, мені не властиве. Я говорю прямо, бо відчуваю глибоко й просто. У людських взаєминах уже й так забагато двозначності й удаваності, що породжують непорозуміння, образи та заздрість — таку, яка змушує людей вірити, що, поки одні не мають проблем, інші обтяжені ними.

Коли я нарешті зрозуміла, що "міцна, незламна кам'яна брила" нашої дружби ніколи насправді не існувала, я взяла всю провину за її руйнування на себе. Я повірила, що це моя провина — моя некомпетентність, моє невміння зрозуміти інших, моя схильність приносити проблеми, а не радість у життя людей. Біль від цього усвідомлення був нестерпним. Я плакала так, ніби ховала когось, кого дуже любила, ніби оплакувала смерть дорогої мені людини.

Але разом з цим горем щось нове почало прокидатися всередині мене. Тихий, але наполегливий голос змушував мене сказати: "Я не така зламана, дурна чи нікчемна, як мене змусили відчувати. Я не бездуховна, не хвора і не загублена." Я відчула дедалі сильнішу потребу повернути собі власне життя, щоб зрозуміти його, адже воно, як і я, не завжди було до мене добрим.

З одного боку, я вважала себе щасливою людиною, яка знаходила радість у дрібницях. Але з іншого боку, моє життя також було позначене труднощами й навіть моментами глибокої драми. Чому? Що стало причиною всього цього? Звідки це взялося? І чому радість так часто супроводжувалася смутком?

Раптом я відчула нестримне бажання написати книгу з простою назвою: "Мій Шлях до Істини." Я не знала, про що вона буде, але щоранку, ніби за покликом невидимих сил, я прокидалася рано, сідала за друкарську машинку й починала друкувати — слова лилися легко, наче минали свідомість.

Незабаром я зрозуміла, що є лише провідником, антеною, яка приймає думки, що надходять звідкись за межами моєї свідомості. Протягом місяця книга, майже на сто сторінок, була завершена. Вона містила все, що вирувало в мені: роздуми про зв'язок між особистістю і Богом чи Всесвітом, дослідження людських емоцій і переживань — любові, материнства, дружби та багато іншого.

Якраз на завершальному етапі роботи над книгою, рано-вранці мені приснився сон — такий, що відчувався більше як послання, ніж просто сон.

Я завжди любила фотографувати, особливо дітей. Їхні радісні обличчя заповнюють сторінки наших товстих сімейних альбомів, увічнюючи моменти чистого щастя. У сні я сиділа на ліжку, перегортаючи ці знайомі світлини. Раптом моя увага зупинилася на одній з них — рідкісній кольоровій фотографії, адже такі світлини тоді були розкішшю. Там була я, зображена в яскравих деталях, сидячи на свіжій, яскраво-зеленій траві, трохи повернувши голову до фотографа. На моїй голові був вінок неймовірної краси.

Здивована, я сказала:

— Я не пам'ятаю цього моменту... Коли це було? Хто зробив цю світлину? І де?

Голос відповів:

— Ти хочеш побачити той момент?

Ще більше розгублена, я запитала:

— Це взагалі можливо? Хіба можна повернутися точно до тієї миті, коли було зроблено цю світлину?

Відповідь прозвучала м'яко, але впевнено:

— З Нами можливо все. Немає нічого неможливого.

І в ту ж мить світлина спроєктувалася на стіну, і зображення почали оживати. Кадри швидко змінювались, повертаючись у минуле з неймовірною швидкістю, наче кіноплівка, що крутиться назад у пришвидшеному режимі.

Я опинилася у місці неймовірної краси — серед зеленої галявини, оточеній величними горами з блискучими сніговими вершинами. Високі, граційні дерева, не схожі на жодні з тих, які я коли-небудь бачила, повільно колихались, а м'які мелодії пташиного співу змішувалися з музикою самої природи, створюючи симфонію миру.

Я спокійно сиділа на траві, з розпущеним волоссям, що спадало на плечі. На мені була проста біла лляна сукня, босі ноги торкалися прохолодної землі. Де я? Чому я тут?

Раптом я чую спокійний, рівний голос: "Ти готова?"

Я озирнулася навколо, намагаючись зрозуміти, хто говорить. Зліва від мене природа розкривалася у всій своїй величі — яскрава, спокійна, недоторкана. Я поглянула через плече і побачила далеко внизу людей, які були зайняті у лісі. Вони навантажували візки дровами, а серед них я помітила глиняні горщики з молоком і свіжоспечений хліб. Я спостерігала за ними з іншого виміру, ніби з іншого світу, дивлячись, як вони розмовляють, сміються й діляться їжею. "Це Земля," — подумала я, — "там унизу."

Потім я повернула погляд вперед і побачила перед собою стіну — прозору, що тяглася в нескінченність до самого неба. Спочатку вона здавалася міцною і товстою, але чим довше я дивилася, тим більш крихкою і тонкою вона ставала, як завіса між світами. Та за нею я бачила тільки світло. "Можливо, там, на іншій стороні, ще красивіше," — подумала я. І тоді я помітила невеликі дверцята у стіні, ніби вони були там лише тимчасово. Куди вони ведуть?

— Ти готова? — знову запитав голос, лагідний, але наполегливий.

І в цей момент я усвідомила, що не самотня. Неподалік стояв Ангел, повністю вбраний у чорне. Але я знала, що це не він говорив. Якщо не він, то хто?

Я підняла погляд і побачила сяючий ореол чистого білого світла, що завис прямо наді мною. Його яскравість була неймовірною, але вона не сліпила — відчуття було знайомим, ніби я вже колись зустрічала це світло.

— Чому це світло тут? — запитую я тихо. "Невже воно не може трохи посунутися?"

— З Нами можливо все, — приходить відповідь, тиха і заспокійлива. Куля злегка відхиляється вбік, немов відгукуючись на моє прохання з легкістю.

— Що все це означає? — шепочу я, звертаючись до Ангела. І в цю мить я це відчуваю — невід'ємну присутність. Світло не просто дивиться на мене; воно слухає. Воно розуміє мене без слів, терпляче чекає, мовчить, ніби все, що мені потрібно знати, вже всередині мене, готове з'явитися, коли я буду готова його прийняти.

Ангел мовчить, його усмішка спокійна і розуміюча. Раптом у його руках з'являється вінок неймовірної краси, сплетений із дивовижних квітів, які, здається, світяться зсередини. Це не просто вінок — це серія з'єднаних між собою вінків. Перші три вінки сплетені з яскравих жовтих і фіолетових квітів. За ними йдуть менші вінки, створені переважно з блідо-жовтих, майже білих квітів. Скільки тут вінків? Я не знаю, але відчувається, ніби вони нескінченні. З верхівки цього витвору ллється потужний потік білого світла, яскравий і чистий. Я зачарована його красою.

Ангел наближається, і в цей момент я розумію, що цей вінок призначений для мене. Мене охоплює легкий сумнів — він виглядає таким витонченим і величним, що, мабуть, дуже важкий. Як я витримаю його вагу? Але Ангел, з граціозною легкістю, ніжно кладе вінок на мою голову.

У ту ж мить, коли він торкається мене, мене охоплює хвиля невимовного блаженства — те саме, надзвичайне захоплення, яке я відчувала в тунелі, ведучому до Світла. Ніби саме Світло огортає мене, оберігаючи любов'ю, турботою і захистом. Чисте Блаженство.

— Ти готова? — знову запитує голос, уже втретє.

Я повертаю голову вліво і бачу себе, сидячи на ліжку, спостерігаючи за своїм зображенням, що відбивається на стіні. У цю мить я нарешті розумію, коли і де було зроблено ту світлину. Але сенс питання — "Ти готова?" — ще залишається для мене загадкою.

Я прокинулася, сповнена глибокого полегшення — легка, як пір'їнка, вільна від будь-якого тягаря.

На різних етапах життя я мала різні відповіді на це питання. Спочатку я б сказала: "Я готова." Готова до чого? Я вважала, що готова до смерті. У моєму розумінні смерть — це просто перехід, шлях від одного рівня існування до іншого. Тож навіщо її боятися? Я була впевнена, що, якби прийшов мій час, я могла б піти без вагань, незважаючи на дітей, рідних, мрії, пристрасті і багато іншого. Ти готова?

Але, проживаючи більше і набираючись мудрості з життєвих уроків, я відповідаю інакше: "Ні, я не готова померти." Не тому, що боюся, а тому, що не хочу. Тут, у цьому житті, є мої діти, мої рідні, мої пристрасті, мрії і безліч речей, які я не готова залишити. Я ще не насолодилася життям до тієї міри, щоб із миром і полегшенням сказати: "Я готова піти."

Попереду ще стільки радісних моментів — майбутніх днів, сповнених краси, любові та вражень. У мене є книги, які я хочу написати, картини, які я мрію намалювати, світлини, які прагну зробити. Я мрію зустріти дивовижних людей, подорожувати до незвичайних місць і відчути все, що життя може запропонувати. Попереду ще стільки всього. Життя кличе, і я хочу обійняти його повністю, з усіма його радощами та чудесами.

Уявіть себе за кермом автомобіля, що жене від одного місця до іншого. Ви точно не знаєте, де ваше місце призначення, як далеко воно чи як воно виглядає, — адже ви ніколи там не були. У вас є лише карта, яка показує відстань і загальний напрямок. Головна дорога веде вас до фінальної точки. Швидкість, з якою ви туди дістанетеся, залежить від вашого темпу та здатності дотримуватись курсу.

А тепер уявіть, що це місце призначення — останній день вашого життя. Ви знаєте, що він настане, але як швидко ви до нього прийдете, залежить від темпу вашого життя. Дехто мчить крізь життя на шаленій швидкості, пробігаючи повз усе й усіх, майже не помічаючи світу навколо. Інші рухаються повільно, як черепаха — рівномірно, обдумано і терпляче.

А що, як замість того, щоб гнати чи повзти, ви дозволите собі робити зупинки на шляху? Ви зупиняєтесь, щоб помилуватися краєвидами, дослідити міста і села, зустріти людей і насолодитися кожною зустріччю. Можливо, ви навіть обираєте не основну дорогу, а ту, яка більш мальовнича, захоплива чи складніша, з перешкодами й сюрпризами.

І що тоді? Нічого поганого — ваше фінальне призначення нікуди не зникне. Ви все одно досягнете його, незалежно від обраного шляху.

Чому б тоді не зробити цей останній день радісним? Днем, сповненим миру, бо ви створили на своєму шляху безліч значущих моментів і щасливих спогадів. І найважливіше — ви матимете глибоке задоволення, знаючи, що ваша подорож крізь життя була надзвичайною — пригодою, унікальною для вас, сповненою краси, викликів і моментів, які варто цінувати.

Після завершення своєї книги я поділилася єдиними п'ятьма копіями з людьми, чия думка для мене була найважливішою. Кожен з них дав мені захоплені, позитивні відгуки. Однак я вагалася з публікацією. Щось відчувалося незавершеним, наче бракувало важливого фрагмента. Минуло кілька років, перш ніж я повернулася до тексту, збагачуючи його новими усвідомленнями та досвідом. Моя подорож до істини ще не завершена — попереду ще багато відкриття, зустрічей і важливих подій.

Коли я завершу "Мій Шлях до Істини"? Можливо, тоді, коли разом із цією книгою я втілю в життя всі задуми, які я уявляю, — і ті, що обрали мене своїм носієм. Ці творіння, виражені через книги, картини, фотографії та інші форми, чекають, щоб проявитися через полотно мого життя. Лише тоді, коли все знайде своє місце, моя подорож відчуватиметься завершеною.

***

Кожна людина переживає складні періоди в житті. Ми можемо роками, а іноді й ціле життя, зносити фінансові чи матеріальні труднощі, але емоційні страждання і моральні кризи можуть підривати наш внутрішній баланс значно довше, залишаючи глибокі й болючі шрами на душі.

Як часто ви ловили себе на думці: "Я так більше не можу," відчуваючи виснаження і ставлячи під сумнів сенс життя? Я чула, як друзі та знайомі говорили: "Я так більше не хочу жити. Я так більше не можу!" У їхніх словах завжди відчувалася гіркота, гнів, розпач і безнадія.

І я також проходила через моменти, коли не хотіла продовжувати жити. Але я ніколи всерйоз не думала про те, щоб піти з життя — я дуже відповідальна людина. Я знала, що не можу залишити своїх дітей, рідних і близьких, залишивши їм тягар такої втрати. Я не мала права приносити їм біль, розчарування й трагедію, знаючи, що вони нестимуть цей тягар усе життя.

На жаль, багато людей, занурені в депресію і відчай, стають сліпими до підтримки й турботи навколо них. Вони не бачать, що ті, хто їх любить, — хоча й не завжди можуть повністю це висловити — не байдужі. Вони теж страждають, відчуваючи безсилля через те, що не можуть допомогти так, як би хотіли.

Однієї ночі мені наснився сон, який приніс мені ясність і назавжди поклав край думкам про самогубство.

Уві сні я опинилася на вокзалі, готуючись до далекої подорожі. Я не знала, куди ми прямували, в яке місто чи о котрій годині вирушимо. Я попросила чоловіка і дітей забрати багаж, підганяючи їх, щоб ми не пропустили поїзд, поки я побігла на платформу.

На першій колії стояв довгий поїзд. Я підійшла до останнього вагону і з подивом побачила, що в нього немає вікон — лише одна-єдина двері. "Дивно," — подумала я. "Як люди можуть подорожувати у вагоні без вікон? Хіба вони не задихнуться?"

Моя цікавість взяла верх, і я підійшла до дверей, щоб зазирнути всередину. Провідник, що стояв на східцях, мов охоронець, перегородив мені шлях. Проте я все ж встигла побачити вузькі відсіки — ніби полиці, де пасажири лежали мовчки, наче чекали на відправлення.

— Невже люди справді подорожують так цілий шлях?" — подумала я, збентежена від самої думки про таку поїздку. Ідея такої подорожі здавалася мені глибоко некомфортною, навіть моторошною.

Я озирнулася навколо, шукаючи чоловіка і дітей. Мене накрила хвиля тривоги — я боялася, що ми пропустимо поїзд. І буквально через секунду поїзд почав рухатися, поволі набираючи швидкість. "Ну що ж, я його пропустила," — подумала я. Та тут я почула Голос: "Тобі ще не час. Ти встигнеш на свій поїзд."

— Котра година? — запитала я. Я підняла голову й побачила годинник на стовпі поруч. Стрілки годинника і хвилинна стрілка зійшлися разом, обидві вказували на дванадцяту. Або ж на нуль? Це кінець чи початок? — подумала я. Кожен може тлумачити це по-різному: хтось побачить кінець життя, а хтось — початок чогось нового.

А що, як це початок нового життя? Якщо це так, тоді чудово, що поїзд, який не для мене, вже поїхав. Нехай їде.

Ми всі кудись поспішаємо — поспішаємо на роботу, на побачення, до магазину, намагаючись виконати те чи інше завдання. Але festina lente — "поспішай повільно." Зупиніться, щоб побачити красу світу навколо і усвідомити, наскільки чудове життя насправді.

Я згадую той раз, коли відчайдушно намагалася встигнути на автобус, що вже від'їжджав. Я навіть не запізнювалася на роботу; просто не хотіла чекати наступного автобуса десять хвилин. Сповнена рішучості зекономити час, я піднімалася крутим, слизьким схилом, сподіваючись скоротити шлях до зупинки. Коли я вже була за метр від автобуса, то послизнулася й сильно впала на мокрий асфальт. Колготки порвалися, сукня забруднилася, а з обдертих ліктів і колін текла кров. Що я отримала від цієї поспішності? Нічого. Мені довелося повернутися додому, обробити рани, переодягнутися і, шкутильгаючи від болю, знову йти до зупинки.

Часто ми опиняємося в драматичних або навіть трагічних ситуаціях лише тому, що самі стрімголов кидаємося назустріч їм. Забудьте про фаталізм; його не існує. Людина народжується, щоб жити, а не вмирати, хоча з моменту першого подиху життя невпинно рухає нас до смерті. Але життя буде боротися зі смертю, доки матиме силу чинити опір, аж до завершення нашої місії на Землі.

На жаль, багато хто залишає свою місію передчасно, бо не цінує життя. А якщо вони не бачать у житті цінності, який у них мотив триматися за нього? Ось чому так багато людей гине — вони перестають цінувати цей дар життя.

***

Ангел вів мене через найважчі моменти в моєму житті. Одним із найскладніших став переїзд нашої родини до Канади. Це рішення було добровільним — ми прагнули позитивних змін і світлого майбутнього для наших дітей, — але водночас продиктоване необхідністю. Життя в Україні стало настільки складним, що ми ледь виживали, економлячи на всьому і відмовляючи собі навіть у найпростіших радощах, щоб просто звести кінці з кінцями.

У більших містах, де постачання харчів та інших товарів було відносно стабільним і різноманітним, люди не відчували такого рівня труднощів. Але в менших містечках і сільській місцевості, де життя сильно залежало від своєчасної виплати зарплат, ситуація була значно гіршою. Зарплати затримували на вісім-дев'ять місяців. Ми працювали по вісім-десять годин щодня, лише щоб потім простояти ще п'ять-шість годин у нескінченних чергах за основними продуктами. Решту вільного часу ми присвячували обробці невеликих ділянок землі за містом, де вирощували фрукти й овочі, щоб запастися на зиму.

Ситуація тільки погіршувалася. Політичний і економічний хаос сприяв розквіту корупції. Ті, хто були при владі, збагачувалися майже за одну ніч, користуючись доступом до державних фондів і ресурсів, тоді як прості люди ще глибше занурювалися в бідність. Розрив між багатими і бідними зростав, залишаючи багатьох на межі виживання.

Залишити країну, де я народилася і виросла, було неймовірно важко. Прощання з родиною, друзями та звичним життям, щоб почати все спочатку на чужині, було надзвичайно виснажливим. Найбільше мене лякала думка про втрату зв'язку з моїми рідними. Цей страх важким тягарем ліг на серце, заповнюючи розум складними думками й емоціями. Я не могла уявити момент, коли покину своє рідне місто, своїх батьків, розуміючи, що, можливо, ніколи більше не повернуся. У дні перед від'їздом я майже щодня плакала, пригнічена болем від прийдешньої розлуки.

За кілька днів до нашого від'їзду мені наснився сон. У ньому я опинилася на летовищі біля невеликого аеропорту. Гори валіз і сумок стояли складені, готові до завантаження в літак, а довга черга людей чекала біля контрольно-пропускного пункту. Нарешті настала моя черга показати документи і квиток. Але вага всього цього стала надто великою для мене — я відійшла вбік, сіла на траву і почала плакати.

— Заспокойся, перестань плакати, — лагідно промовив голос десь поруч. Але я сховала обличчя в долонях і продовжувала ридати, не в змозі стримати смуток, що поглинув мене.

Та голос продовжив:

— Послухай, дитино, ти нічого і нікого не втрачаєш. Поглянь на мене. Я прожив незліченну кількість життів, виконував різні ролі і працював у найрізноманітніших професіях. Але кожна зміна була на краще. Я ніколи не втрачав тих, кого мав залишити — мої справжні друзі залишалися зі мною. Ті ж, хто любив мене лише словами, відходили, звільняючи місце для тих, хто справді дбав про мене. Я ніколи не втрачав; з кожною трансформацією я лише здобував більше. Так буде і з тобою: ти нічого не втрачаєш. Твоє життя змінюється, щоб подарувати тобі більше — нових друзів, новий досвід і нові висоти, яких ти зможеш досягти. Заспокійся, дитино.

Я відкрила обличчя, підняла голову й подивилася на того, хто говорив. Це був Ангел, якого я бачила вже багато разів, знову одягнений у чорне. Його очі сяяли добротою, а в його погляді я відчула тепло і спокій, які м'яко огорнули мене, мов ніжні обійми. Його словам не можна було не вірити — вони несли істину, яка резонувала глибоко в мені.

Нарешті я відчула спокій. Я піднялася, витерла сльози і попрямувала до аеропорту.

Того ранку, коли я прокинулася, я написала
вірш українською мовою під назвою "Ангел".

Дивний сон мені наснився,
Ніби я кудись летіла,
Біля митниці самотньо
Гірко плакала, тремтіла.

Залишала всіх, хто рідний,
Друзів, близьких, рідну хату,
Покидала край свій рідний,
Де знайдеш таке, як мати?

Сльози лилися рікою,
Й не могла я їх спинити,
Та почула крізь ридання
Як почав хтось говорити:

"Заспокойся, не журися.
Ти ж нічого не втрачаєш.
Ти життя почнеш з початку
І здобудеш більш, ніж маєш.

Я також в житті своєму
Бачив радість, бачив горе.
Мав професій я багато,
Мав кохання й щастя море.

Зрозумій одне, дитино,
В цьому світі так ведеться,
Що посієш серед люду,

Те й помножене вернеться.

В тебе друзі зостаються,
Бо вони є справжні друзі.
Хто ж від тебе відцурався,
Той отрима по заслузі.

Не тримай на них образи,
Не журись, що так все сталось.
Почуття у них нещирі,
Хоч любов"ю називались.

Бо не кожен серед смертних
Може заздрість подолати,
Недовіру і чванливість,
Злі емоції сховати.

Ти не хибний крок зробила,
В людях лиш добро шукала,
Та крім доброго погане
В душах їхніх ти пізнала.

То ж забудь усе недобре
І не треба шкодувати
Тих, кому ти не потрібна,
Хто тебе не хоче знати.

Вір, дитино, в кращу долю,
Будь спокійна, сподівайся.
Будь щаслива і відверта.
Будь собою й не вагайся!

Глянь, навколо тебе сонце,
І тепло до тебе лл”ється,
Бо життя таке прекрасне.
Хай душа твоя сміється!”

Я долоні розтулила,
Очі стомлені підняла,
Глянула на чоловіка,
Та його я не впізнала.

Був мені він незнайомий,
Очі ніжністю сіяли,
На устах цвіла усмішка,
Я ж розгублено мовчала.

І мені так легко стало,
І тягар з душі скотився,
Я прокинулась й збагнула,
Що то ангел мій приснився.

Він прийшов вві сні до мене,
Щоб мене порятувати
Від страждань і від зневіри,
Біль в душі затамувати.

Він прийшов в сумну хвилину,
Він як друг і як учитель.
Як це добре, коли поруч
Є свій Ангел-хоронитель

За три дні до нашого від'їзду я зустрілася з редактором місцевої газети. Колись він був учнем мого батька, який значною мірою допоміг йому стати редактором впливового видання. Під час нашої розмови ми обговорювали можливість публікації кількох моїх віршів. У якийсь момент редактор запитав, чи може він опублікувати прощальне повідомлення для моєї родини та друзів з побажаннями успіху в нашому переїзді до іншої країни. Я погодилася, але за однієї умови: щоб це повідомлення було надруковане тільки після нашого від'їзду.

На мій глибокий жаль і розчарування, уранці в день нашого від'їзду кілька людей зателефонували мені, щоб повідомити, що в газеті вийшла стаття про мене. На моє здивування, це був не просто прощальний текст, а стаття, подана як інтерв'ю, яке я нібито дала. У ній мене цитували так, ніби я не відчуваю жодної прихильності до друзів і рідних, яких залишаю, і з легкістю та без жалю починаю нове життя в Канаді.

Стаття приголомшила мене і моїх близьких — це був цілковитий вигад, який не мав жодного відношення до реальності. У розмові з редактором я висловила абсолютно протилежне — наскільки важко і боляче було залишати людей, яких я так цінувала.

Мій батько зателефонував редактору, своєму колишньому учневі, і просто запитав: "Навіщо ти це зробив?" До сьогодні я не знаю, чию репутацію цей журналіст намагався підняти своїми неправдивими словами. Півдня я провела в сльозах, сповнена смутку і розчарування. Але серед цього болю трапилося дещо прекрасне — люди, які знали мене і поважали, телефонували, приходили, щоб попрощатися і підтримати мене.

Слова Ангела виявилися правдою: мої справжні друзі залишилися поруч зі мною. Незважаючи на відстань, що нас розділяла, ми підтримували зв'язок не лише через листи, а й завдяки радісним зустрічам. Згодом у моєму житті з'явилися нові друзі та знайомі. У підсумку, я здобула набагато більше, ніж коли-небудь втрачала.

Минуло кілька років, п'ять чи шість після нашого від'їзду, коли я отримала несподіваного листа від того самого редактора. Його кар'єра зазнала краху — його звільнили з посади і остаточно відсторонили від газети. У своєму листі він просив мене про послугу: допомогти його синові знайти роботу в Канаді. Іронія була разючою, але я не могла не відчути, що життя завжди прагне до рівноваги, завжди відкриваючи істину з часом.

***

Життя в Канаді на початках було нелегким. Відсутність роботи й грошей наповнювала нас тривогою за майбутнє. Ми приїхали з кількома валізами і двома сотнями канадських доларів, починаючи нове життя буквально з нуля. Але я не можу сказати, що ми ночували на вулиці чи шукали їжу по смітниках. Незважаючи на труднощі, ми знаходили підґрунтя під ногами, дбаючи про дітей і кожного члена нашої родини. У боротьбі за виживання ми залишали місце й для радості — наші свята були наповнені сміхом та щастям, а не лише нескінченними буднями роботи.

Ангел завжди був поруч, підтримував мене, особливо коли сумніви проникали в серце й віддаляли відчуття щастя. Одного дня, змучена, я заснула, і мені наснився сон: я їду темною дорогою, ледве бачачи шлях попереду. Я поглянула у дзеркало заднього виду й побачила очі Ангела, що спокійно й доброзичливо спостерігали за мною з заднього сидіння.

— Я втомилася, — прошепотіла я. — Так втомилася. Вже важко вірити в щось хороше.

— Все буде добре — вір мені, лагідно відповів Ангел. — Труднощі завжди тимчасові. Сьогодні вони важкі, але завтра їх уже не буде.

— Але щойно я вирішу одну проблему, за нею з'являється інша, — пробурмотіла я.

Ангел усміхнувся. "І які ж у тебе проблеми?"

— Не знаю... всякі, — відповіла я, відчуваючи пригніченість.

— Назви хоча б одну, — підбадьорив він.

— Дрібниці — одна за одною. Я просто хочу, щоб моє життя змінилося, — зізналася я.

— Тоді зміни його, — м'яко промовив Ангел. "Хто ж, як не ти, знає, про яке життя мрієш? Хто ще знає, чого ти насправді хочеш?

— Ніхто, — прошепотіла я. — Тільки я знаю.

— Тоді повір у себе, з теплотою сказав Ангел.

— І вір мені — все складеться. І так добре складеться, що одного дня ти будеш здивована, наскільки прекрасним стало твоє життя.

Ангел усміхнувся й зник.

Я працювала не покладаючи рук: дні проходили в клініці, виконуючи численні завдання, а ночі — в маленькій кав'ярні на заправці. Переді мною простягалося велике чорне вікно — портал у ніч. Я вдивлялася в його темряву й шепотіла собі: "Одного дня це вікно зникне з мого життя, як і ця робота. І разом із ними багато моїх проблем зникнуть."

Саме так і сталося. Незабаром я перестала працювати ночами, а чорне вікно стало просто спогадом. Нарешті, я могла спокійно спати у власному ліжку, насолоджуватися затишком відпочинку, а не стояти за прилавком, подаючи гарячу ароматну каву самотнім мандрівникам, що проїжджали крізь ніч.

Моє життя нагадує товсту, добряче зношену книгу, де кожна сторінка перегортається легко, насичена інтригою й радістю. Тут немає нудних моментів, які хотілося б вирізати чи пропустити. Кожен розділ має значення, і кожен досвід, як добрий, так і поганий, несе в собі сенс.

І ваше життя не повинно бути іншим.

Бо, повірте мені і Ангелу — все в житті тимчасове. Проблеми мають здатність вирішуватися, часто навіть непомітно. Тяжкі часи не тривають вічно, бо рано чи пізно настає щось хороше, якщо тільки маєте терпіння чекати на це.

Щоб нагадати собі про щедрість, що є в житті, візьміть блокнот і почніть записувати моменти з минулого, що принесли вам радість і задоволення. Перегляньте свої фотоальбоми, подивіться домашні відео, і ви швидко зрозумієте, що життя не було таким похмурим, як іноді здається.

Виберіть найкращі світлини, особливо ті, де ви щиро усміхаєтеся або смієтеся. Носіть ці зображення з собою, навіть якщо це буде лише одна світлина. Якщо ви могли так щиро радіти в той момент, коли було зроблено це фото, то що заважає вам відчути таку саму радість і зараз, сьогодні?

***

Фінансові труднощі є серйозною проблемою для багатьох людей. Є така приказка: "Чому він бідний? Бо дурний. Чому він дурний? Бо бідний." Ці жорсткі слова яскраво ілюструють замкнене коло, у яке потрапляє багато людей і з якого лише одиниці можуть вибратися.

Я теж не могла похвалитися фінансовим успіхом, незважаючи на відмінну освіту та сильну трудову етику. Часто чула від близьких: "Ти ж така розумна й освічена, чому досі живеш у злиднях?" Нерідко незнайомці говорили: "Ви заслуговуєте на значно кращий рівень життя, бо ви талановита й мудра людина, і таких, як ви, мало."

Іноді такі компліменти відчувалися, як колючки в серці. З одного боку, в їхніх словах була істина і щира доброзичливість. З іншого боку, де ж була логіка? Що насправді мене стримувало? Що, чи хто, заважав мені досягти успіху?

Довго я боролася з протилежними почуттями. Чула від багатьох духовних лідерів, що прагнути матеріального — це гріх, якщо шукаєш духовного зростання. Я щиро стримувала спокусу жити краще і багатше, повністю усвідомлюючи, що багато інших живуть у значно гірших умовах, ніж я. Часто запитувала Ангела, чи неправильно прагнути більшого, ніж просто духовного розвитку, включно з фінансовим та матеріальним добробутом. Відповідь завжди була однакова: у цьому немає гріха; більш того, це схвалюється. Та прийняти це було важко, і я постійно думала, що, можливо, щось розумію не так.

Одного Різдва я опинилася в церкві. Після служби, біля самого входу, я помітила черницю, одягнену в розкішну норкову шубу. На фоні її вбрання моє старе́ньке пальто виглядало зовсім убого. Найбільше вразило те, що ця черниця — людина, яка добровільно зреклася мирського життя і всіх його спокус, носила одну з цих спокус: розкішний одяг із дорогого хутра. Я запитала одну з парафіянок, чи доречно духовній особі носити таке дороге вбрання. У відповідь почула виправдання: шуба могла бути подарунком від родичів черниці; вона похилого віку і могла мерзнути, тож потребувала теплого одягу.

Але хіба вона не могла продати цю шубу, пожертвувавши розкіш, і використати отримані гроші, щоб допомогти тим, хто в потребі? Можливо, навіть придбати різдвяні подарунки для сиріт?

Сучасні духовні лідери та наставники використовують новітні технології, щоб швидше поширювати свої вчення й охоплювати ширшу аудиторію. У цьому немає нічого поганого. Однак разом із популяризацією своїх філософій багато з них також значно збагачуються. Чи є в цьому суперечність? Як можна поєднати традиційні вчення, особливо ортодоксальні релігійні догми, з розкішним, майже царським стилем життя цих духовних наставників? Це одна сторона питання.

З іншого боку, я зустрічала кількох духовних наставників, які пропагують духовний розвиток, живучи у злиднях. Вони пояснюють свої скрутні фінансові умови тим, що матеріальне багатство нібито несумісне з духовним зростанням, і при цьому не соромляться купувати лотерейні квитки або просити пожертви від своїх послідовників.

То чи дійсно помилково прагнути до одночасного духовного розвитку і фінансової стабільності?

Ангел чекав мене на березі спокійного, лазурного моря. Тихі води віддзеркалювали золоті промені вранішнього сонця.

— Яка краса! — прошепотіла я з захватом.
Ангел м'яко усміхнувся, нічого не сказавши.

— У мене так багато запитань, які я хотіла б тобі поставити! — почала я схвильовано.

— Та багато твоїх запитань отримують відповіді не тільки від мене, — спокійно відповів ангел.

— І не завжди словами, — додала я. — Скажи, що ж мене турбує?

— Турбує? — Ангел нахилив голову, і в його погляді промайнуло легке здивування. — Ти справді вважаєш, що маєш проблему?

— Я часто чую, що ми повинні задовольнятися тим, що маємо, і що бажання більшого, особливо матеріальних речей, як гроші, це майже гріх.

— Це помилкове уявлення, — відповів ангел. — Людям властиво мріяти і прагнути більшого, адже їхні мрії є важливою частиною творіння. Ті, хто знаходять радість і задоволення в житті, випромінюють величезну позитивну енергію, яка поширюється і піднімає всіх навколо них.

— То, мої позитивні думки можуть впливати на життя інших?

— Так. Але вони спершу змінять твоє власне життя. А оскільки твоє життя переплітається з багатьма іншими, ця трансформація розійдеться хвилями й торкнеться також їх.

Ангел кивнув у бік спокійного моря. "Ти бачиш, як рівна поверхня відбиває світло?"

— Так, — прошепотіла я, зачарована цією красою.

— Ти сказала 'Краса', бо цей мирний краєвид пробуджує в тобі приємні емоції. Але чи розумієш ти, що під поверхнею море вирує, сповнене невидимого, бурхливого життя? Чи означає це, що ми маємо відкидати спокійні води як ілюзію?

Та світанок над морем прекрасний сам по собі, незалежно від того, що ховається в глибині," — відповіла я.

— Саме так. Так само й у житті — незалежно від того, що приховано під поверхнею. Люди бачать те, що вони обирають бачити. Для когось кожен день буде надзвичайним, для інших — сірим і незначним.

— Але ти так і не відповів на моє питання: у чому моя проблема?

Ангел усміхнувся з натяком на розуміння і запитав:

— Ти вже знаєш відповідь. То чому б не сказати її мені самій?

***

Я часто задаю собі питання: Що зі мною не так? — особливо у моменти невдач. У школі я була серед найкращих учнів, а в університеті виділялася як одна з найуспішніших студенток. Моя кар'єра йшла схожим шляхом, позначеним швидким зростанням і досягненнями. Навіть починаючи з нуля на новій роботі, я швидко просувалася вперед, допомагаючи іншим розвиватися разом зі мною.

І все ж, незважаючи на досягнення, я часто зустрічала системи, які залишалися недосяжними, скільки б знань, праці чи професійного розвитку я не вкладала. Зв'язки та особисті рекомендації завжди відігравали вирішальну роль у будь-якому суспільстві. Багато систем, особливо фінансових, побудовані та утримуються завдяки таким мережам впливу.

Суспільство, а також державні установи, приватні організації, політичні інституції та навчальні заклади функціонують як піраміди. Потрапити в ці системи часто можливо лише за підтримки одного або кількох існуючих членів, бажано тих, що знаходяться на вершині. Отримання такої підтримки може бути складним завданням, хоча інколи її можна «купити» або здобути через ланцюжок рекомендацій з інших систем.

Кожна система, проте, має свої обмеження — моральні, фінансові чи матеріальні. Це означає, що для постійного зростання часто потрібно пристосовуватись до нових систем або створювати власні підсистеми чи абсолютно нові структури. Але створити щось нове не завжди легко.

Суспільство саме по собі — це лише чергова система, яка не завжди вітає тих, хто вирізняється, хто не вписується в загальні рамки, так званих «білих ворон».

Багато людей мучаться питанням: Чому, попри всі мої чесні зусилля, моє життя не покращується? Хто винен? Часто чую, як кажуть, що хтось або щось має бути винним. І так само часто люди кажуть: «Я просто невдаха — і крапка».

Але правда полягає в тому, що ніхто не винен. Є лише дві фундаментальні причини ваших невдач:

1. Ви ігноруєте позитиви у своєму житті, зосереджуючись лише на негативі. Коли вся ваша увага зосереджена на тому, що йде не так, ви заважаєте собі бачити прогрес, яким би малим він не був. Якщо ви хочете покращити своє життя, вам потрібно активно відстежувати позитивні зміни та досягнення, якими б незначними вони не здавалися.

2. Ви застрягли у системі, яка більше не підтримує ваш розвиток. Ця система могла перетворитися на застійну рутину, або, можливо, ви так і не навчилися, як її використовувати на свою користь. Якщо вона більше вам не служить — час піти. Якщо ви не знаєте, як або коли це зробити, або якщо почуваєтеся непідготовленими, почніть готуватися до виходу вже сьогодні. Готуйте себе крок за кроком, щоб, коли настане момент, ви були готові рухатися далі.

***

Чи замислювалися ви колись над тим, що більшість людей функціонують як роботи, слідуючи заздалегідь запрограмованій установці, яку їм заклали інші — ті, хто сам часто так само запрограмований, і саме суспільство? Наш мозок має неймовірну здатність поглинати й зберігати інформацію, але часто робить це без критичного аналізу.

Програмування нашого життя починається з моменту народження. Дітей навчають усього — як доброго, так і поганого, і здебільшого батьки передають уроки, які самі засвоїли від своїх батьків. Ці уроки формуються під впливом особистих переживань, які не завжди є позитивними чи корисними.

Я часто чула від своїх батьків: «Ти не можеш мати цього чи того, бо багато інших дітей цього не мають». Мої батьки не були бідними; вони мали стабільні державні посади з хорошою зарплатою, спонсоровані державою квартири і були задоволені безпекою, яку давало їхнє життя. Проте їхнє відчуття задоволення було вкорінене у збереженні стабільності, а не в прагненні нових можливостей.

У школі нас навчали, що всі мають бути рівними і що прагнення до багатства — це погано, оскільки воно суперечить моральному кодексу комунізму і пролетарським ідеалам. Проте деякі з моїх однокласників були дітьми високопосадовців і комуністичних лідерів, і часто вихвалялися своїми іноземними іграшками. Вони могли безтурботно витрачати гроші на тістечка у шкільному буфеті та їздити на навчання в урядових машинах, за кермом яких були особисті водії їхніх батьків.

Коли я запитувала, чому в одних так багато, а в інших майже нічого, батьки часто відповідали з гіркотою. Вони говорили, що несправедливість — це просто частина світу, а багаті — не більше ніж шахраї й злодії. Чесні люди, наполягали вони, не повинні скаржитися чи вимагати більше, а мають задовольнятися тим, що мають.

Водночас учителі, які вчили нас жити чесно й працювати самовіддано на благо нації, а не заради особистої вигоди, не соромилися приймати дорогі подарунки від деяких батьків. Для таких батьків важливішими за заслуги були гарні оцінки для їхніх ледачих і неслухняних дітей. Насправді, у житті багато чого можна було купити — чи то за гроші, чи за розкішні подарунки.

Це був справжній урок, який ми засвоювали, поза межами класної кімнати, через приклади повсякденного життя. Ідеали залишалися благородними словами на папері, але реальність часто від них далеко відходила.

Мої батьки часто говорили мені, що спочатку я маю зосередитися на школі, потім на університеті, отримати хорошу посаду в установі, працювати сумлінно до пенсії, і лише після цього думати про відпочинок. Для них це було сутністю стабільного життя — попри те, що їхнє власне життя ніколи не знало стабільності.

Вони пережили сталінські репресії, Другу світову війну, післявоєнне спустошення й голод, а також розпад тієї самої країни, де народилися, виросли і провели більшу частину свого життя.

Стабільність подібна до смерті — вона означає відсутність руху. Справжньої стабільності ніколи не існувало у цьому світі. Віра в те, що державна робота з регулярною зарплатнею забезпечує тривалу безпеку, — це не більше, ніж приємна ілюзія. Насправді ж, життя перебуває у постійному русі. Те, що є сьогодні, може зникнути вже завтра — включно з тією державною установою, яку ви вважали вічною.

Колись я жила навпроти величезного заводу, який виконував численні військові контракти. Я досі яскраво пам'ятаю нескінченні потоки людей, що вирушали на роботу рано-вранці. Десятки тисяч були там працевлаштовані, отримуючи відносно стабільну зарплату, і здавалося, що ця стабільність триватиме завжди. Моя сестра також працювала на тому заводі.

Але потім, майже за одну ніч, Радянський Союз зник із карти світу, а разом із ним і головні військові контракти, які підтримували роботу заводу. Тисячі фабрик і заводів, розкиданих по тому, що тепер було залишками розваленої країни, мали ту саму долю. Ті, хто мав доступ до фінансових ресурсів, швидко збагатилися, скориставшись хаосом і відсутністю нагляду. Проте ці щасливчики були рідкісними винятками. Десятки тисяч робітників опинилися на вулиці без попередження чи пояснення.

Мої батьки, які віддали десятиліття чесної праці системі, також залишилися без пенсій, на які так довго розраховували. Лише через роки вони нарешті почали отримувати виплати, але до того часу інфляція перетворила їх на копійки, яких ледве вистачало на хліб.

Я не могла не спитати їх: Наскільки правильним було навчати мене йти вашими кроками? Чого врешті-решт досягли ці кроки? Віра, яку вони покладали на так звану стабільність економічної та політичної системи, виявилася не більше ніж ілюзією — ілюзією, яка залишила безліч людей розчарованими і спустошеними.

Ви, напевно, чули це не раз: «Ось та людина їздить на Мерседесі й має величезну віллу, але звичайним людям, таким, як ми, навіть мріяти про таке не слід». Вас називали, і досі називають, «простими смертними», наче певні речі просто «не для вас». Але для кого ж вони тоді призначені, якщо ми всі, зрештою, смертні?

Цей світ переповнений достатком — і, звісно ж, його частинка може стати вашою, якщо ви справді цього прагнете. Якщо існують красиві будинки, то хто сказав, що один з них не може стати вашим? Якщо є безліч іноземних країн, які можна досліджувати, то хто сказав, що ви одного дня не будете ходити їхніми вулицями? Якщо існують розкішні автомобілі, такі як «Мерседес», де написано, що ви не можете володіти одним із них?

Ніхто, ніде і ніколи не може гарантувати, що ви досягнете всього, чого бажаєте. Але, так само, ніхто не може гарантувати, що цього не станеться. Якщо немає жодних гарантій проти цього, значить, цілком можливо отримати все, чого ви щиро прагнете, — якщо ви справді цього хочете.

Ще один шкідливий міф, який нам втовкмачували, — фраза: «Хотіти не шкідливо», завжди доповнена знеохочувальним «але...». Проте правда полягає в тому, що справді не шкідливо бажати. Більше того, бажання — це необхідність. Ви повинні хотіти! Ви повинні бути щирими у своїх бажаннях і прагненнях, адже лише через справжнє бажання мрії набувають форми й стають реальністю.

***

Одного дня я натрапила на світлину старого, напівзруйнованого двоповерхового будинку біля підніжжя величезної гори, яка поволі поглинала саму будівлю та прилеглу землю. Зсув ґрунту чи селевий потік міг знищити будинок будь-якої миті, навіть за гарної погоди. Це зображення викликало глибоке занепокоєння, особливо зважаючи на те, що це був житловий будинок, де мешкало кілька родин. Мабуть, серед них були й діти.

Реакції на фотографію були різні, але більшість людей сприймали її як похмуре зображення суворої реальності. Кожен розумів, що рано чи пізно будинок зникне — або через неминучий обвал, або під нещадною дією сил природи. А що буде з людьми? Дехто, можливо, втече; інші — ні. Але навіть якщо вони виживуть, вони втратять свій дім — місце, яке було для них основою стабільності.

Та хіба справді немає виходу? Я вірю, що є — ймовірно, не один. Я переконана, що в подібній ситуації я знайшла б спосіб втекти. Ті, хто приймає життя в постійній тіні неминучої катастрофи, залишаться. Але ті, хто розуміє, що кожна людина має свободу вибору, можливість рухатись і формувати своє майбутнє, знайдуть спосіб змінити свої обставини й уникнути зайвих ризиків.

Суспільство, через екрани телевізорів, газети та журнали, поширює безліч міфів, розділяючи людей на переможців і невдах. Я часто чую, як люди кажуть, що мені просто пощастило, що все в моєму житті йде гладко тільки тому, що я випадково удачлива.

По-перше, у моєму житті було чимало невдач — справжніх, болючих поразок. Якби я розповідала тільки про ці моменти, дехто, можливо, навіть знайшов би в цьому певне заспокоєння, оскільки частини мого життя легко можна було б прийняти за свого роду особисте пекло.

По-друге, ярлики «переможець» або «невдаха» — це те, що ми самі собі навішуємо. Багатьом людям легше грати роль жертви, адже в сучасному суспільстві жертви зазвичай отримують більше позитивної уваги. Критикувати чи підвищувати голос на жертву вважається жорстоким, і вважається неприйнятним додавати до їхніх страждань. Але в багатьох випадках роль жертви — це просто маска, зручний спосіб зберегти ілюзію стабільності та уникнути зіткнення з глибшою істиною.

Я знаю одну подружню пару понад двадцять років. Їхній шлюб не був побудований на любові — жінка, коли їй було 18 років, боялася стати «старою дівою» (страх, навіяний суспільними нормами того часу) і вирішила вийти заміж за першої ж нагоди. З самого початку їхні стосунки супроводжувалися сварками й конфліктами. Народження сина — ще одна поступка традиційній думці про те, що в кожній сім'ї, незалежно від проблем, мають бути діти, — лише додало до їхніх труднощів. Незважаючи на те, що дружина зневажала чоловіка, а почуття було взаємним, жоден з них не зробив жодних зусиль, щоб поліпшити ситуацію.

З часом чоловік почав зловживати алкоголем, тоді як дружина, обтяжена почуттям провини та розчаруванням, шукала втіхи у стосунках з одруженим коханцем. Вона стала основним годувальником, оскільки її чоловік витрачав усю свою зарплату на алкоголь. Постійний стрес серйозно позначився на її здоров'ї, залишивши її емоційно і фізично виснаженою.

Коли ми час від часу зустрічались, її розмови оберталися навколо нескінченних скарг на нещасливе життя — наскільки вона виснажена й замкнена у цій пастці, і як часом вона бажала, щоб усе це просто закінчилось. Одного разу я запитала її: «Чому ти не розлучишся?» Вважаючи, що причиною може бути дитина, я була здивована, дізнавшись, що хлопчик рідко бачив свого батька, який зазвичай проводив час за випивкою.

Насправді, причини були іншими: однокімнатна квартира, половину якої їй довелося б віддати, а також меблі й інше майно, яке вони накопичили за роки. Думка про те, щоб віддати це «багатство» чоловікові, знаючи, що він, ймовірно, усе витратить, була для неї надто болючою.

Минув деякий час. Син виріс і зв'язався з поганою компанією, адже йому бракувало позитивного впливу батька, тоді як мати була зайнята заробляниям на життя. Тепер у неї була трикімнатна квартира замість однокімнатної, але той самий чоловік-алкоголік — і ті самі старі скарги. Протягом багатьох років, як вона зізналася, вона перестала відчувати себе дружиною чи навіть жінкою, живучи натомість як тінь, як робоча конячка. Я запитала її:

— Ти провела останні двадцять років, доводячи собі, що можеш вижити без зарплати свого чоловіка, так?

— Так! Усе, що ти тут бачиш, я купила за власні гроші, — гордо відповіла вона. — Він до цього не має жодного відношення! Він і далі пропиває кожну свою зарплату, як і завжди. Мені це набридло!

— Але він усе ще живе з тобою під одним дахом. Раніше у тебе були причини відкладати розлучення — син чи однокімнатна квартира. Але що зупиняє тебе зараз?

— Бо мені доведеться ділити цю квартиру навпіл — і я не дурна! Я заробила її власними руками. Я не віддам жодної речі! А якщо він приведе якусь нову жінку, щоб насолоджуватися всім тим, що я здобула? Нізащо! Я краще житиму так, як є. Усі живуть таким чином — я не перша і не остання. Але я не збираюся втрачати те, що заробила своїм потом і кров'ю.

***

«Ти не перша і не остання» — слова, які відчуваються, як удари по голові, тонка форма програмування, яку довелося пережити й мені. Коли я не змогла вступити до медичного інституту з першої спроби, незважаючи на те, що відповіла на всі питання правильно, я була переконана, що сталася помилка. Однак на фінальному іспиті з хімії мені навмисне поставили трійку (задовільно), щоб мій середній бал не перевищив необхідного прохідного порога.

На той час я не знала, що вступ до університету — це лише гра з числами, бюрократична процедура, де правила гнуться для забезпечення певної кількості студентів, багато з яких вступали завдяки особистим зв'язкам, незалежно від заслуг. Я подала апеляцію, бо відмовлялася змиритися з несправедливим заниженням оцінки на останньому іспиті. Проте оскаржувати рішення екзаменаційної комісії було рівнозначно оскарженню політичної структури закладу. В результаті голова апеляційної комісії разом з її членами всі входили до парткому інституту.

Я зайшла до кімнати, де за столами сиділо кілька людей з кислими, несхвальними виразами облич. Я ввічливо привіталася, сподіваючись на бодай якусь реакцію, але ніхто навіть не посміхнувся. Голова комісії, який також очолював партком інституту, нахилився вперед і запитав холодним, залізним тоном:

— Отже, з чим ти конкретно не згодна?

Я вдихнула, намагаючись зберегти спокій.

— Я виконала всі завдання, — сказала я. — Я навіть розв'язала задачу двома різними способами. Я знаю, що не зробила помилок — хімія одна з моїх улюблених дисциплін. Я навіть брала участь в олімпіадах...

Вираз обличчя голови комісії став ще суворішим, і він різко перебив мене.

— Хтось просив тебе розв'язувати задачу двома способами? Ось де ти помилилася!

Його слова вдарили мене, наче ляпас. Я кліпнула, намагаючись залишатися спокійною.

— Але яка різниця, скільки способів я використала для розв'язання? Результат все одно правильний.

Його погляд став ще похмурішим, і він різко сказав:

— Досить твоїх скарг! Ти не перша і не остання! Кожен хоче вступити до медичного інституту, але не всі двері відкриті для всіх. Зрозуміла?

У той момент я відчула, як гірка правда осідає в моїх грудях: одних знань недостатньо, щоб відкрити всі двері, особливо ті, що охороняються системами, побудованими на гнилі. І, як болото, яке гниє віками, ці системи існують, хочемо ми того чи ні.

Саме тоді я зрозуміла, наскільки хибною була віра мого батька. Він завжди говорив мені: "Якщо добре вчитимешся в школі й успішно навчатимешся в університеті, ти комусь будеш потрібна — і на тебе чекатиме світле майбутнє." Але тепер я знала, що це не так. Успіх залежав не від того, скільки знань ти маєш чи наскільки добре ти їх опанувала. Він залежав від того, як ти застосовуєш ці знання, і чи здатна ти знайти або створити умови, щоб їх використовувати.

На жаль, більшість людей, здається, програмують свій розум негативними догмами, що пригнічують їхню волю, замість того, щоб плекати позитивні думки, які запалюють творчість і сприяють зростанню. Без цих позитивних ідей люди залишаються в пастці — неспроможні процвітати, неспроможні досягти успіху в будь-якій сфері, яку б вони не обрали.

***

Повернімось до концепції стабільності. Віра в стабільність і її пошук — це ще один міф, приємна ілюзія, що притуплює людську свідомість, поступово перетворюючи людей на зомбі, підвладних жорстким системам.

Якщо розглянути закони фізики, то в замкненій системі універсальний закон збереження енергії стверджує, що загальна кількість енергії залишається постійною — вона не зникає, а лише переходить з однієї форми в іншу. У цьому сенсі таку систему можна назвати «стабільною». Але навіть тут енергія завжди перебуває в русі. Проте ідеально ізольовані системи не існують — і ніколи не існуватимуть. Ми живемо у відкритих системах, тобто наш світ постійно взаємодіє із зовнішніми силами та зазнає змін.

Людське тіло теж є відкритою системою. Воно потребує споживання їжі, генерації та використання енергії, а також виведення відходів. Але так само, як тіло не засвоює всіх поживних речовин, які споживає, нашій свідомості також потрібна «їжа» — інформація, яку ми обробляємо, але ніколи повністю не засвоюємо. І, хоча наш розум живиться інформацією, він також впливає на наші вибори: що ми їмо, як діємо та як почуваємось. Він керує нашими словами, емоціями і поведінкою.

Цікаво, що навіть деякі заможні люди підтримують дивний тренд, відомий як «їжа зі смітників» — фріганський рух. Цей рух, особливо популярний у Нью-Йорку та по всій Європі, передбачає, що люди збираються для пошуку їжі у громадських смітниках, відшукуючи викинуті продукти. Фрігани пишаються тим, що знаходять альтернативні способи задовольняти свої потреби не лише у їжі, а й у житлі та одязі, вважаючи, що таким чином вони протистоять марнотратності споживацької культури.

Дивовижно, але навіть у деяких європейських столицях існують «елітні» смітники, де деякі викинуті товари вважаються розкішшю. Це усвідомлений вибір людей, хоча я сумніваюся, що багато з вас добровільно обрали б такий спосіб життя.

Зрештою, пошук стабільності стає оманливим прагненням. Системи, чи то біологічні, чи соціальні, перебувають у постійному русі. Знання і обізнаність дозволяють нам адаптуватися до цих мінливих умов, але чіпляння за міф стабільності тільки гальмує зростання. Стабільність, якої багато хто прагне, насправді не існує — це ілюзія постійності у світі, що безперервно змінюється.

Прагнення до стабільності — не більше ніж суспільна ілюзія, заспокійливий обман. Якщо ви справді хочете покращити своє життя, перший крок — це відмовитися від цієї ілюзії. Жоден успішний підприємець не починав свій шлях, шукаючи стабільність. Навпаки, багато хто залишав стабільні роботи з помірною, передбачуваною зарплатнею, затиснутий чотирма стінами серед колег, які, попри незадоволення рутинністю, задовольнялися ілюзією «стабільності». Справжній прогрес вимагає виходу із зони комфорту та прийняття невизначеності.

***

Ще одна широко прийнята ілюзія — це міф про відповідальність. «Ми відповідальні за тих, кого приручили» — цю фразу я чула безліч разів від людей, для яких почуття відповідальності було таким тягарем, що вони змушені були постійно нагадувати собі про свої обов'язки. Таким чином вони часто виправдовували свої недобрі вчинки щодо тих, кого не приручили або не змогли приручити, але кого все ж використовували для власної вигоди, причому досить успішно.

Варто зазначити, що ці слова — не стародавня народна мудрість. Вони належать Антуану де Сент-Екзюпері, автору «Маленького принца». Відповідальність як поняття — це те, що ми самі вигадали для себе. Часто вона сприймається як тягар, як борг. А кому подобається бути в боргу? Нікому. Ось чому відповідальність часто відчувається як щось нав'язане, щось, що потрібно виконувати всупереч власному бажанню.

Людство винайшло безліч обов'язків щодо людей, речей і ідей, створивши нескінченну гру жертв і героїв. Але чи народження дитини автоматично накладає обов'язки на матір? Я так не думаю. Насправді, її життя змінюється кардинально — її існування тепер переплітається з життям дитини. Наскільки глибоким буде цей зв'язок, однак, — це суто особисте питання між ними двома.

Наприклад, мати може змушувати дитину їсти зі злістю, кажучи: «Я твоя мати, тож маю тебе годувати. Перестань випльовувати кашу!» Або ж, усміхнувшись, вона може спокійно пояснити: «Без їжі люди можуть захворіти або навіть померти». У другому випадку годування дитини перестає бути важким обов'язком — воно стає природним, співчутливим актом.

Що краще: перервати вагітність чи залишити дитину після народження? У сучасному суспільстві аборт часто вважається прийнятним рішенням, оскільки він позбавляє людину від «тягаря» батьківських обов'язків. Вирішуючи не доносити вагітність, жінка, і особливо чоловік, звільняються від необхідності змінювати своє життя заради дитини.

Однак, якщо жінка вирішує не робити аборт, народжує дитину і залишає її в лікарні, суспільство таврує її як безвідповідальну. Деякі самопроголошені захисники моралі поспішають засудити її, готові позбавити її батьківських прав і так суворо покарати, щоб вона більше ніколи не захотіла мати дітей.

Життя покинутих дітей складається по-різному. Дехто знаходить родину, де їх люблять і дбають про них, і має життя, якого заслуговує кожна дитина. Водночас у іншій, здавалося б, «успішній» родині — тій, якій бракує лише любові та спокою, дитина може страждати від насилля та байдужості. Тим часом в оселі, де панує алкоголізм, інша дитина бореться за виживання, позбавлена їжі, тепла, одягу й турботи, яких вона потребує.

Отже, де ж справжні обов'язки й відповідальність? Хто має відповідати за турботу, і де межі цієї відповідальності? Як часто суспільство ставить під сумнів тих, хто володіє владою та багатством — тих, хто фінансово підтримує суспільство, але нехтує власною родиною?

Закони існують для тих, хто їх порушує. Обов'язки накладають на тих, хто їх ігнорує. Відповідальність часто служить маскою для безвідповідальності. Чим більше ми намагаємося виправдати себе, тим глибше заплутуємося в нескінченній грі «Жертва і Герой».

***

Після прочитання цього деякі читачі можуть заперечити: якщо відповідальність і обов'язок — це лише людські вигадки, хіба це не призведе до того, що люди перестануть виконувати свої обов'язки та будуть безвідповідально поводитися у своїх словах і діях?

З цікавістю я запитала в Ангела: Чому обов'язки, здається, існують лише для тих, хто їх не виконує?

Ангел відповів лагідно:

— Подивися уважно на природний світ навколо себе, частиною якого ти теж є. Коли риба відкладає ікру, чи зобов'язана вона піклуватися про своє потомство?

Я задумалася на мить.

— Не думаю, що ідея обов'язку застосовна до риб.

Ангел кивнув.

— А як щодо собаки? Чи зобов'язана собака піклуватися про своїх цуценят?

— Ні, не зобов'язана, — відповіла я. — Деякі тварини вигодовують своїх малят, а інші — ні. Так влаштована природа. Але ці дії — не обов'язок.

Ангел усміхнувся.

— І ніхто не звинувачує тварин, які залишають своє потомство, у тому, що вони не виконали своїх обов'язків або були безвідповідальними, чи не так?

— Це правда, — погодилася я.

Ангел нахилився ближче.

— А чому це так?

Я замислилася.

— Можливо, тому, що люди вважають тварин інтелектуально нижчими й позбавленими емоцій чи почуттів.

В очах Ангела заблищало розуміння. "Але це не так. Тварини відчувають емоції та почуття, хоча вони можуть не вписуватися у людські визначення.

Після короткої паузи Ангел продовжив:

— А тепер повернімося до поняття обов'язків. Обов'язки, по суті, — це правила, вимоги та закони, створені суспільством для контролю одних людей через інших, щоб нав'язувати підпорядкування. Нагадування про обов'язки — це нагадування про соціальні рамки, в яких очікується, що люди діятимуть. Але чи всі слідують цим правилам? Чи всі виконують свої обов'язки?

— Не всі. Але хіба це означає, що батьки не зобов'язані виконувати свої батьківські обов'язки або дбати про свою новонароджену дитину?

Ангел лагідно відповів:

— Ніхто нікому нічого не винен, бо всі люди народжуються без обов'язків і залишають цей світ без нічого — навіть без своїх відповідальностей. Піклування про дитину — це не обов'язок; це вираження турботи. Це акт любові. Якщо батьки не відчувають любові чи турботи до своєї дитини, дитина отримає лише те, що батьки готові дати. Зовні така сім'я може здаватися ідеальною моделлю батьківської відповідальності, яка виконує всі очікувані обов'язки. Але всередині така сім'я може відчуватися як в'язниця — особливо для тих, хто не має можливості або засобів, щоб її покинути.

— То чи дійсно батьки не зобов'язані дбати про своїх дітей?

Ангел посміхнувся з розумінням.

— Якщо тебе змушують робити щось проти твоєї волі, скільки у тебе вистачить терпіння продовжувати це робити? І якою людиною ти станеш, витримуючи пригнічення і приниження? Чи відчуватимеш ти радість або гордість від виконання цих обов'язків, якщо в процесі ти почнеш зневажати і тих, хто тебе змусив, і тих, заради кого ти виконував(ла) ці завдання?

Голос Ангела пом'якшав.

— Коли люди дійсно хочуть піклуватися, вони будуть це робити. Коли люди щиро хочуть любити, вони любитимуть. Любов і турбота, виражені в діях, а не в порожніх словах, природним чином усувають потребу в нагадуваннях про примусові обов'язки. У справжній турботі немає місця для примусу — вона ллється вільно з серця.

— А як щодо обов'язків на роботі — перед роботодавцями або працівниками? — запитала я Ангела.

Ангел відповів:

— Ніхто не зобов'язаний надавати комусь роботу або забезпечувати когось засобами для життя. Дехто заробляє свій хліб, обмінюючи свою працю на продукти інших, накопичуючи запаси, які можна розділити або зберегти на майбутнє. Інші добровільно погоджуються на скромну зарплату, залишаючи більшу частину прибутку тим, хто надає умови для роботи і навчає їх, як відповідати очікуванням.

Роботодавець не зобов'язаний платити зарплату з обов'язку — це акт турботи, повернення цінності тим, хто зробив свій внесок через працю. Точно так само ніхто не змушує працівника працювати на когось — він обирає за власним бажанням обмінювати свою працю на зарплату, яку пропонує роботодавець. У будь-який момент працівник вільний піти, так само як і роботодавець вільний звільнити його від обов'язків.

Закони, призначені для захисту прав роботодавців і працівників, є лише нагадуваннями для тих, хто їх порушує. Для тих, хто поважає ці правила, такі закони непотрібні. Любов і турбота не потребують обов'язків чи відповідальності — вони виникають природно, без примусу.

Я замислилася над словами Ангела. Чи можуть любов і турбота дійсно існувати під примусом — народжені з обов'язку чи відповідальності перед кимось? Якщо світло яскраво світить у кімнаті, який сенс у тому, щоб зав'язувати очі тим, хто всередині, перешкоджаючи їм ним користуватися?

Так само, коли любов і турбота виникають з обов'язку, вони перестають бути щирими — вони стають порожніми жестами, частиною гри, зумовленої страхом осуду. Під такими діями криється не більше ніж тривожна думка: "А що скажуть інші?"

***

Час поговорити про страх, — сказала я, зручно вмощуючись у м'яке шкіряне крісло в затишній домашній бібліотеці. Ангел сів поруч у такому ж кріслі, його вираз обличчя був спокійним і уважним.

— Думаю, спочатку нам слід поговорити про думки, — запропонував Ангел.

— Або, можливо, про слова? — припустила я.

Ангел усміхнувся.

— Давайте почнемо зі слів, адже думки формуються зі слів — і не лише зі слів». Він зробив паузу, а потім додав. — Ти можеш бути вчителем, а я – учнем.

Я знала, що Ангел вже розуміє все, тоді як я засвоїла лише частину знань Всесвіту. Я не могла насправді навчити його чогось нового. Проте я цінувала його підтримку. Це нагадувало мені цитату, яку я нещодавно прочитала: «Щоб стати великим учителем, ти маєш навчати інших, продовжуючи навчатися самому».

— Слова – це більше, ніж просто позначення об'єктів, емоцій чи явищ, що нас оточують. Вони несуть у собі значення, яке формувалося тисячоліттями під впливом цивілізацій. Слово – це поєднання літер, а його звук створює вібрації – поняття, що належить до сфери фізики—.

Ангел ледь помітно кивнув.

— Саме так. Слова резонують.

— І в прямому, і в переносному значенні, – додала я.

Обличчя Ангела стало м'якшим.

— Залишимо поки що переносне значення. Все має буквальне значення, але люди сприймають його по-своєму. Насправді кожне слово має особисте значення для кожної людини.

— А з цих особистих значень може формуватися колективне значення, – завершила я.

— Повернімося до фізики слів, – сказав Ангел.

— Звук – це вібрація частинок, – пояснила я. «По суті, це коливання. Частинки, або об'єкти, можуть бути будь-чим. Але звук – це не лише вібрація, викликана зіткненням двох об'єктів».

Ангел кивнув.

— У аналоговому обладнанні звук представлений коливаннями електричного струму в схемі, які називаються аналоговими сигналами. У цифровому обладнанні звук також залежить від електричних сигналів, але звукові хвилі перетворюються на дискретні числові дані – так звані семпли. Ці дані обробляються як цифрові сигнали, а потім перетворюються назад у аналогові за допомогою цифро-аналогового перетворювача для відтворення через динаміки чи навушники. Хоча цифрові системи не передають безперервні аналогові хвилі напряму, вони все одно покладаються на електричні імпульси для обробки та відтворення звуку.

— Саме так, – погодилася я. — Але звук взаємодіє з кожним об'єктом, якого торкається, включаючи людське тіло, особливо нервові закінчення нашої слухової системи. Сигнал подорожує до мозку, де обробляється. Це один із каналів, через які звук досягає клітин мозку. Коли йдеться про слова – не лише прості звуки – мозок залучає складніший процес. Він декодує не тільки звукові хвилі, але й значення, закладене в них.

Ангел нахилився вперед, зацікавлено.

— Який інший канал використовує звук, щоб передати себе?

Я продовжила:

— Через саму вібрацію. Кожна клітина нашого тіла, аж до найменшої частинки, починає вібрувати під впливом звуку. Наше тіло одночасно є і провідником, і поглиначем цих вібрацій. Наприклад, кісткова тканина є чудовим резонатором.

— Ця взаємодія між звуком і тілом підкоряється законам фізики звуку. Висновок простий: коливання, створювані звуком, включно зі словами, що промовляються, безпосередньо впливають на людське тіло через вібрації, які вони викликають.

Ангел тепло усміхнувся. «Згоден!»

— У давнину казали, що слова мають силу вбивати. Жреці стародавнього Єгипту володіли знанням Слова. Чи були інші цивілізації, які опанували цю науку?

— Так, були, – відповів Ангел.

Цивілізації Стародавньої Індії. Згідно з їхнім вченням, певні поєднання звуків могли впливати як на мозок, так і на тіло, викликаючи різні стани свідомості. Деякі звукові патерни, як вважалося, могли порушувати функції мозку й навіть спричиняти смерть. Через потенційну небезпеку ці знання суворо охоронялися і були доступні лише обраній групі жерців.

Сучасні дослідження підтвердили, що звуки з різними ритмами, а отже, і різними коливаннями по-різному впливають на клітини мозку, головним чином через вплив на їхню електричну активність, яка є життєво важливою для функціонування тіла. Звук може провокувати агресію, викликати спокій, занурювати в сон або ж надихати й піднімати настрій.

Деякі слова або звукові комбінації були заборонені, тоді як інші збереглися до сьогодні. Наприклад, слова «алілуя» або «ом». Хоча їхнє первісне значення могло бути втрачене, вібрації, які виникають під час їх промовляння, створюють коливання, що заспокоюють розум. Багато звуків, які позитивно впливають на мозок і тіло загалом, стали невід'ємною частиною східних релігій і практик медитації».

— А тепер перейдемо від фізики звуку до іншого виду фізики, – сказав Ангел, м'яко спрямовуючи мої думки у потрібному напрямку.

— Кожне слово несе значення, а не лише комбінацію звуків. Коли слово промовляється, його сприймають одним чином; коли читається – зовсім іншим. Значення може залишатися незмінним або змінюватися, залежно від емоційного забарвлення, переданого через мову чи текст. І все ж кожне слово має енергію – не лише енергію звукових вібрацій, адже при читанні вголос звук не виникає, – але й енергію, закладену у самому значенні слова.

— Це підводить нас до природи думки – впорядкованого поєднання слів, яке створює значення, більше за суму окремих слів.

— І тут ми приходимо до концепції енергії думки, – погодилася я. – Передача цієї енергії функціонує через вібрації, що підкоряються не лише законам прикладної фізики, але й глибшим законам Всесвіту.

— Людський мозок діє як приймач сигналів, але часто не може визначити, чи походить сигнал зсередини — через свідомість, уяву або підсвідомість, чи з навколишнього світу. Наприклад, спортсменам запропонували уявити себе в моменті бігу під час змагання, залишаючись абсолютно нерухомими. Коли вчені виміряли активність їхнього мозку, зони, відповідальні за контроль м'язів ніг, активувалися так, ніби спортсмени насправді бігли.

Я зробила паузу, замислившись.

— Багато інших експериментів демонструють, що думки не лише впливають на емоційний стан людини, але й впливають на функціонування клітин її тіла. На жаль, багато людей відкидають ці результати як ненаукові, залишаючись скептиками щодо того, що не можна чітко пояснити законами фізики, хімії або математики.

— Ти, мабуть, помітила, що світова наука рухається в напрямку прийняття речей, які сто років тому здавалися неймовірними або неможливими.

Я кивнула на знак згоди.

— Коли я вперше намагалася поділитися своїм розумінням світу і пояснювала, що мої знання є частиною універсальних знань, а не просто продуктом моєї уяви, багато людей не хотіли цього чути. Дехто думав, що зі мною щось не так, вважаючи, що людина з моїм рівнем освіти не може говорити таку "дурницю". Але тепер ці самі ідеї обговорюють відкрито у книжках, на телебаченні, і сприймають зовсім інакше.

Все більше людей приймають ці концепції, і їхні послідовники множаться. Там, де раніше люди боялися мене слухати, тепер я отримую дзвінки від тих, хто працює у схожих сферах. Формується мережа однодумців — це вже не просто окремі точки, розкидані по всьому світу, а люди, які встановлюють справжні, значущі зв'язки. І на це є причина, чи не так?

— Саме так, – відповів Ангел. — Ти, мабуть, чула, як дехто каже, що людська цивілізація може знищити себе через бездумне ставлення до навколишнього середовища. Але це не справжня причина, чому ми прагнемо об'єднати людей у мережу, як ви влучно сказали. Те, що ви спостерігаєте, – це зародження нового типу людства, або, точніше, народження нової цивілізації, здатної рухатися між різними інформаційними й енергетичними рівнями. Якщо ця ідея зараз здається абсурдною, то лише тому, що людство занадто жорстко провело межу між матерією, свідомістю, інформацією та енергією.

— З екологічними катастрофами, бездумним споживанням енергії та політичними інтригами, які будь-якої миті можуть призвести до використання зброї масового знищення, здається, що людська цивілізація і наша планета невпинно наближаються до межі самознищення, – сказала я.

Ангел відповів:

— Енергія існує у безмежній кількості скрізь — потрібно лише навчитися її використовувати. Це саме людство перешкоджає впровадженню нових джерел енергії. Екологічні проблеми можуть бути вирішені за допомогою обдуманих і усвідомлених підходів. Аби ліквідувати політичні інтриги, потрібне покоління мислителів — людей, які глибоко розуміють взаємозв'язок між матерією, енергією та інформацією. Ця зміна настане, але не миттєво. Це творчий процес, який потребує часу з вашої земної перспективи. Апокаліпсису не буде — принаймні з нашої точки зору.

***

Після короткої перерви я вирішила повернутися до теми того, як слова впливають на людський мозок, поведінку, емоції та почуття. Особливо мене зацікавив вплив імен, адже людина чує своє ім'я частіше за будь-яке інше слово. Більшість взаємодій починається з того, що до когось звертаються на ім'я, часто акцентуючи на ньому, щоб привернути увагу співрозмовника.

Від моменту народження дитини батьки та родичі звертаються до неї на ім'я, намагаючись захопити її увагу. Але чи може вибір імені впливати на характер, особистість або навіть на шанси людини на успіх у житті?

Щоб дослідити це, я склала список людей і згрупувала їх за звучанням їхніх імен — не за офіційними іменами (які часто довгі й рідко вживаються у повсякденному житті), а за короткими формами, якими найчастіше користуються оточуючі. Наприклад, моє офіційне ім'я російською мовою — Єлена, а українською — Олена, але мої рідні та друзі зазвичай називають мене Лєна.

Згрупувавши людей із однаковими іменами, я шукала спільні риси їхніх характерів і, де це було можливо, аналізувала їхнє минуле й теперішнє. Навіть короткі зустрічі або випадкові розмови створюють зв'язок, який дозволяє спостерігати за певними аспектами життя людини — її темпераментом, поведінкою та внутрішнім світом.

Цікаво, що я знайшла багато спільного між людьми з однаковими іменами. Їхня поведінка також виявляла несподівані подібності.

Я запитала Ангела, наскільки сильно ім'я впливає на людину.

— Саме ім'я не може визначити характер людини чи гарантувати її майбутнє, — почав Ангел. — Однак воно відіграє важливу роль, оскільки є одним із звуків, які людина чує найчастіше — особливо в дитинстві, коли формується ідентичність. Ім'я стає потужним сигналом, звуком, наповненим значенням, а значення несе енергію.

— Уявіть себе в центрі людного майдану, — продовжив Ангел. — Ви залишаєтеся нерухомими, але навколо вас світ постійно змінюється. Небо та хмари змінюються, вітер то посилюється, то стихає, листя падає з дерев, обличчя перехожих з'являються й зникають. Птахи та комахи пролітають повз, а звуки оточують вас у нескінченному потоці. Все перебуває в русі. Навіть якщо ви сидите нерухомо, кожне видовище, звук і подих повітря торкається вас, залишаючи тонкі відбитки. У цей момент ви подібні до антени — приймаєте сигнали з вашого оточення.

— Отже, чи означає це, що ім'я людини має обмежений вплив на її особистість? — запитала я.

— Зовсім ні, — відповів Ангел. — Імена мають глибоке значення. Вони несуть у собі і звук, і зміст, і оскільки людина чує своє ім'я дуже часто, особливо в дитинстві, воно може формувати її емоційний світ. Але ім'я — це лише одна частина симфонії звуків, які ви відчуваєте. Слова, думки і навколишнє середовище також відіграють важливу роль у вашому розвитку.

Я задумливо промовила:

— У деяких культурах існує традиція називати новонароджених на честь об'єктів, явищ чи тварин. Батьки вірять, що, називаючи своїх дітей на честь цих речей, вони передадуть їм бажані якості.

— Певною мірою це правда, — відповів Ангел. — Ім'я стає своєрідним прагненням — насінням, посадженим із надією. Деякі батьки називають своїх дочок на честь ніжних квітів, як-от Лотос, або синів — на честь міцних об'єктів, як-от Камінь. Це не лише поетично; це спосіб встановити намір щодо майбутнього дитини.

— Тобто це форма програмування? — запитала я.

— Можна сказати й так, — погодився Ангел. — Ім'я дає основу, відправну точку. Але воно не визначає все. Як і при посадці насіння, середовище, в якому росте дитина — стосунки, досвід і особистий вибір зрештою формує кінцевий результат.

— У Росії та Україні слов'янські, грецькі й латинські імена також мають конкретні значення, — сказала я. — Наприклад, Олена означає "обрана", Петро перекладається як "камінь", а Олександр — "захисник людей". Однак багато батьків обирають імена, орієнтуючись на те, як вони звучать, не знаючи їхнього глибшого значення.

— Ось чому важливо підходити до вибору імені усвідомлено, — порадив Ангел. — Слова мають вагу, і ім'я — це більше, ніж просто мітка, — це частина ідентичності, в яку виростає людина. Однак нерозумно приписувати поведінку людини виключно її імені. Ім'я може формувати, але воно не диктує.

Я замислилася й сказала:

— Нещодавно я читала про те, як слова, думки та звуки впливають на мозок. Там припускалося, що їхній вплив можна пояснити вібраціями, хоча ця концепція ще не доведена.

— Ти на правильному шляху, — відповів Ангел. — Усе — думки, слова, навіть емоції — створюють вібрації. Хоча наука ще не виміряла всіх аспектів цих ефектів, вона це зробить. Те, що є незаперечним, — це те, що енергія ніколи не зникає; вона трансформується.

— Ми знаємо, що енергія існує в різних формах — кінетичній, потенційній, тепловій, електромагнітній та інших, — продовжив Ангел. — Але є ще форми енергії, які людство ще не повністю зрозуміло. Поки що ми називаємо їх енергією думки, енергією свідомості та енергією психіки.

— Давайте поговоримо про дослідження доктора Масару Емото, — запропонувала я. — Він стверджував, що вода реагує на слова, звуки та думки, змінюючи свою кристалічну структуру. Він піддавав воду впливу різних звуків, молитов і намірів, і коли вода замерзала, кристали, які утворювалися, були або симетричними й красивими, або спотвореними й нерівними, залежно від тієї енергії, яку вони поглинали.

Ангел кивнув.

— Хоча робота Емото є захопливою, вона залишається суперечливою з багатьох причин. Його експерименти бракували контрольованості та об'єктивності, яких вимагає сучасна наука. Однак ідея про те, що енергія — чи то думка, чи звук — може впливати на матерію, не є далекою від істини. Це просто ще не повністю зрозуміло людьми.

— Якщо все пов'язане енергією, — запитала я, — то чому б не розкрити нам усі таємниці Всесвіту? Чому б не сказати нам точно, як почалося життя або як виникло все існуюче?

Ангел усміхнувся.

— Це типічне людське питання, — сказав він. — Але подумайте ось про що: якби я дав тобі бочку вина і сказав випити все за раз, ти б змогла? Навіть якби змогла, яка радість залишилася б у процесі відкриття?

Я засміялася, уявивши себе поруч із величезною бочкою вина.

— Таємниць немає, — продовжив Ангел. — Все відкрито для вас, тому що ви є частиною того Всесвіту, який вивчаєте. Але розуміння вимагає часу, і знання мають приходити поступово. Якщо дати занадто багато занадто швидко, це стає непосильним.

— Ви боїтеся, що людство може знищити себе? — запитала я.

— Ми тут не для того, щоб знищити вас, — м'яко відповів Ангел. — Для Бога немає монстрів. Усі істоти — Його творіння, і всі вони улюблені. Творіння — це не про насильницькі кінцівки, а про спасіння й оновлення.

— Але людство все ж може знищити себе? — наполягала я.

— Так, — м'яко сказав Ангел. — У вас є сила зробити це без нашої допомоги. Але у вас також є сила творити, зцілювати й трансформувати. Ви прекрасні, повторю це ще раз.

Вже було пізно, і в мене залишалися інші справи. Ми вирішили зробити паузу в нашій розмові. Спілкування з Ангелом завжди можливе, але, окрім цих бесід, є ще й навколишній світ, і робота, яка чекає на увагу.

***

Ми знову повернулися до теми того, як слова впливають на нас. Слова становлять основу наших думок, а спосіб їх поєднання може мати ще глибший вплив, ніж окремі слова самі по собі. Оскільки наша свідомість діє як фільтр для всього, що ми чуємо й бачимо, слова інших людей можуть безпосередньо впливати як на наш психічний, так і на фізичний стан.

Те, як ми сприймаємо навколишній світ, змінюється залежно від нашого настрою, обставин і життєвого етапу. Наше тлумачення подій формує те, що відбуватиметься далі. Іншими словами, створення нашого майбутнього починається вже зараз, із сьогоднішнього дня. Якщо ви починаєте день у позитивному настрої, він, імовірно, пройде гладко. Але якщо ви починаєте день із почуттям втоми, злості чи роздратування, то, найімовірніше, цей день принесе вам труднощі та випробування. Так працює Закон притягання.

Кілька років тому я назвала Закон притягання «законом бумеранга», щоб легше було зрозуміти його механізм. Уявіть, що ваші думки, емоції та наміри — це енергія, яку ви випромінюєте у світ. Незалежно від того, позитивна вона чи негативна, ці думки стають вібраціями, які ви поширюєте, як усвідомлено, так і неусвідомлено. Енергія, яку ви випромінюєте, діє як бумеранг: те, що ви посилаєте, повертається до вас.

Ця зворотна енергія може проявлятися по-різному — через емоції людей, яких ви зустрічаєте, атмосферу місць, які ви відвідуєте, або навіть через тонкі, невидимі сили, які формують ваші обставини. Незалежно від того, вірите ви в це чи ні, цей закон діє незалежно від вашої свідомості чи бажання.

З іншого боку, ви дієте як магніт, притягуючи той тип енергії, який ви генеруєте найчастіше. Якщо ваш розум наповнений позитивними думками та емоціями, ви природно притягуєте позитивні події. Але якщо ваші думки домінують страх, образи чи негатив, ви притягуватимете більше труднощів у своє життя.

Щоб зрозуміти, як Закон притягання працює у вашому житті, спробуйте вести щоденник. Щодня записуйте короткі нотатки, фіксуючи свої думки, емоції та ключові події. Ця практика допоможе вам визначити закономірності у ваших думках і їхній вплив на ваш досвід.

Ось приклад: Ви погано спали, бо сусіди всю ніч голосно сварилися, залишивши вас вранці втомленими й роздратованими. Ви пропустили переповнений автобус і запізнилися на роботу, де ваш начальник також був у поганому настрої. Пізніше ви дізналися, що затримають вашу зарплату, і почули, як колеги пліткують не тільки про інших, але й про вас. На зворотному шляху додому ви зайшли в магазин і помітили, що ціни знову зросли. Ваші чоботи промокли, і ви змерзли, тремтячи від холоду. Прийшовши додому, ви виявили, що телефон відключено через прострочення платежу. Ваша дитина принесла додому погані оцінки, а ваш партнер залишився допізна на роботі, святкуючи чийсь день народження.

До кінця дня, виснажені й розчаровані, ви зірвалися й накричали на дитину. Стрес викликав головний біль, і ви вирішили прилягти. Але важкі думки не залишали вас, заважаючи розслабитися, і ви крутилися всю ніч без сну. Коли нарешті прокинулися, головний біль не зник, а вчорашня втома перейшла в новий день.

Цей приклад показує, як енергія, яку ви випромінюєте, створює цикл досвіду, що відображає ваш емоційний стан. Коли ваш розум заповнений роздратуванням, гнівом або тривогою, ці емоції притягують більше такої ж енергії, посилюючи ваші труднощі. Однак навіть невеликий зсув у бік позитиву - момент терпіння чи вдячності, може почати змінювати хід дня, прокладаючи шлях до кращих подій.

Закон притягання — це не про те, щоб прикидатися, ніби ви почуваєтеся добре, коли це не так. Це про усвідомлення своїх емоційних шаблонів, щоб поступово змінювати їх. Почніть із того, щоб помічати, як ви почуваєтеся, навіть у складні моменти, і намагайтеся перенаправити увагу на те, що ви цінуєте, — навіть якщо це лише невелика втіха чи миттєва краса. Це не означає уникати своїх проблем, але змінювати спосіб, у який ви на них реагуєте.

Навіть невеликі зміни в енергії через вибір терпіння замість гніву чи вдячності замість роздратування поступово можуть притягнути кращі події. Бумеранг завжди повертається, але ви маєте силу вирішити, яку енергію посилати.

Такі ситуації або подібні до них трапляються з багатьма людьми майже щодня. Утворюється замкнене коло, через яке важко побачити щось радісне чи обнадійливе, і ще важче з нього вирватися. Хоча очікувати, що хтось буде щасливим 24/7, нереально, можливо зберігати позитивний погляд на життя і загальне відчуття задоволення.

Закон притягання простий: якщо ви зосереджуєтесь на негативі, ви притягуєте більше негативу; якщо зосереджуєтесь на позитиві, ви притягуєте більше позитиву. Ви, напевно, чули вислови: «Що посієш, те й пожнеш» або «Гроші притягують гроші». Так само радісні думки, емоції та почуття притягують у ваше життя більше радості та щастя.

Одна з причин, чому негативні емоції здаються сильнішими за позитивні, полягає в тому, що вони несуть сильніший енергетичний заряд. Саме тому негативний досвід може здаватися приголомшливим, і чому так легко застрягти в циклі розчарування, гніву чи смутку. Але важливо усвідомлювати, що ви маєте здатність порушити цей цикл, ставши свідомими своїх думок і емоцій.

Один із найпростіших способів відновити емоційну рівновагу — це зосередитися на своєму диханні. Багато людей називають цю практику медитацією, хоча вона не вимагає спеціальної підготовки. Дехто каже, що не вміє медитувати, бо це здається їм занадто складним. Таким людям я відповідаю: «Але ви ж умієте дихати, чи не так? Чому б не почати з того, щоб просто слухати своє власне дихання?»

Знайдіть у своєму домі тихе місце, де вас не турбуватимуть 15-20 хвилин. Це місце має бути спокійним і тихим. Сядьте або ляжте в зручній позі, розслабте тіло й почніть дихати природно.

Не намагайтеся звільнити розум від думок чи контролювати їх. Просто зосередьтеся на своєму диханні: вдих, видих, вдих, видих.

Поступово ваше дихання сповільниться. Якщо ви відчуєте легкі рухи чи вібрації в тілі або голові, чи якщо відчуєте ніжну пульсацію всередині тіла, не лякайтеся. Просто спостерігайте за цими відчуттями без оцінювання. Якщо вам захочеться заснути, дозвольте собі заснути. Ваше тіло візьме те, що йому потрібно.

Іноді, щоб покращити настрій, я рекомендую уявляти ясне блакитне небо або прекрасне поле квітів. Якщо вам складно зупинити негативні думки, спробуйте спрямувати їх у бік чогось радісного чи підбадьорливого. Чим яскравішими та радіснішими будуть ваші мрії чи фантазії, тим більше вони допоможуть відновити емоційну рівновагу.

Якщо ви все ще сумніваєтесь у впливі своїх думок і емоцій, почніть вести щоденник. Записуйте події свого дня разом із думками та почуттями. З часом ви почнете помічати закономірності: як певні думки призводять до конкретних результатів і як невеликі зміни у вашому ставленні можуть покращити ваш досвід.

Самоусвідомлення — перший крок до трансформації. Як тільки ви розпізнаєте ці закономірності, ви отримаєте розуміння, необхідне для того, щоб свідомо змінити свій фокус і створити життя, наповнене більшою кількістю радості та позитиву.

***

Чи замислювалися ви, чому деякі думки затримуються у свідомості, чому слова, почуті в дитинстві, можуть відлунювати протягом усього життя? Наш розум формується не лише тим, що ми думаємо, але й тим, що говорять і роблять інші навколо нас. Усвідомлення того, як слова впливають на життя людини, включаючи ваше власне, показує, що наш мозок і свідомість постійно програмуються. Ці програми, чи то нав'язані іншими, чи створені вами самостійно, визначають, як розвиватимуться події вашого життя — ваші успіхи чи невдачі, ваше теперішнє і майбутнє.

Згадайте, як часто ви чули в дитинстві, що не можете мати або навіть бажати певну іграшку, бо ваші батьки не були заможними. З одного боку, вас вчили, що бажання чогось не гарантує, що ви це отримаєте. Але за цим уроком у вашу свідомість закладалася більш глибока програма: тільки багаті люди можуть мати те, чого вони бажають. Оскільки ваші батьки не були заможними, це означало, що й ви — ні, і тому мріяти про те, що можуть дозволити собі лише багаті, марно.

У суспільствах, де ці ідеї вкорінюються, нечесність часто стає нормою, як спосіб обійти обмеження. Це було особливо характерно для колишнього Радянського Союзу, де покоління людей навчалися брати все, що не було захищене, незалежно від того, наскільки мала була можливість. Іронія в тому, що ті, хто крав, часто самі ставали жертвами крадіжок, опиняючись у замкнутому колі нечесності.

Я була свідком багатьох випадків, коли така поведінка ставала прийнятною частиною повсякденного життя. Наприклад, я знала чоловіка, який працював водієм автобуса на маршрутах між містом і навколишніми селами. Через те, що автобуси завжди були переповнені, водіям дозволяли збирати плату за проїзд під час поїздки, щоб уникнути черг біля кас. Але пасажири рідко отримували квиток. Готівка, передана біля дверей, часто осідала прямо в кишені водія.

Дружина цього чоловіка працювала в їдальні державної установи. Щодня вона приносила додому сумки з вкраденими продуктами й товарами. Вечорами подружжя викладало свої "заробітки" на кухонний стіл перед дітьми. Без жодного слова вони програмували своїх дітей вірити, що крадіжка і нечесна праця не лише прийнятні, але й кращі за чесний спосіб заробітку. Як і багато інших, ці діти, ймовірно, виросли, щоб піти тим самим шляхом.

Люди швидко помічають недоліки інших, але залишаються сліпими до власних дій. Проблема в тому, що негативні моделі поведінки, одного разу закріпившись, починають самі себе підсилювати.

Наше оточення має величезний вплив на нас, формуючи не лише те, що ми робимо, але й те, як ми думаємо і відчуваємо. Якщо уважно слухати щоденні новини, ви помітите, що більшість із них сповнена негативу: повідомлення про військові конфлікти, зростання злочинності, економічну нестабільність, політичні суперечки, хвороби, аварії та природні катастрофи. Пів години новин стають вичерпним переліком усього, що пішло не так за день. Позитивні історії настільки рідкісні, що здаються аномаліями.

Що відбувається з людиною, яка постійно зазнає впливу негативу? Що вона відчуває, коли бачить по телевізору кадри з понівеченими тілами, чує, як політики ображають одне одного, або слухає крики розлючених протестувальників на вулицях? Які емоції виникають після того, як вона вистоїть у черзі за товаром, щоб на касі зустріти втомленого, роздратованого продавця, який починає скаржитися, щойно ви до нього підходите?

Уявіть, що ви прийшли до лікаря, а вас зустрічає роздратований, погано підготовлений спеціаліст, який незадоволений своєю зарплатою і бачить у вас не пацієнта, якому потрібна допомога, а "ходячий гаманець". Вплив такого досвіду накопичується з часом. Страх, гнів, розчарування, приниження, роздратування й образи починають вкорінюватися в свідомості людини, наче скалки, формуючи її сприйняття світу.

Ці негативні емоції несуть у собі потужний заряд руйнівної енергії. Вони впливають не лише на саму людину, але й випромінюються назовні, впливаючи на інших і на довкілля. Негативні думки й слова порушують тонкий баланс у житті людини, викликаючи подальші проблеми й невдачі.

Негатив, який раз запущений, має властивість запускати ланцюгову реакцію, де одна погана подія тягне за собою наступну. Людина, яка потрапляє в цей вир, часто опиняється у пастці, адже труднощі в одній сфері життя перекидаються на інші. Фінансові проблеми створюють напруження у стосунках, а під тиском стресу виникають проблеми зі здоров'ям. У свою чергу, хвороба ускладнює роботу й заробіток, ще більше погіршуючи стосунки та загострюючи фінансові труднощі.

Наприклад, хвора людина стає ненадійним працівником, менш цінним для роботодавця. Без стабільного доходу вона не може забезпечити себе і свою сім'ю, що створює ще один рівень труднощів.

Сили, які формують наш досвід, складні, охоплюють як найменші взаємодії у повсякденному житті, так і глобальні рухи у

Всесвіті. Важливо розуміти, що негативна енергія часто несе більший руйнівний потенціал, ніж позитивна. Коли вона починає накопичуватися, її вплив може бути як приголомшливим, так і непередбачуваним. Зберігаючи негативні думки й емоції, ми випромінюємо цю енергію назовні, і вона повертається до нас із ще більшою силою. По суті, ми стаємо архітекторами власних страждань.

Цей принцип не є новим — його вчили всі релігії та духовні традиції, виражаючи різними словами, але з однаковим основним посланням: енергія, яку ви випромінюєте, неминуче повертається до вас. Сила змінити свої обставини полягає у виборі тієї енергії, яку ви випускаєте у світ.

Ще одним важливим фактором є те, як ми реагуємо на зовнішні енергії та впливи. Хоча світ навколо нас може глибоко впливати на нас, можливо розвинути певний захист від цих негативних сил, включаючи шкідливу енергію інших людей. Різні техніки, практики та школи пропонують методи енергетичного захисту, навчаючи людей, як будувати стійкість до негативу.

Однак важливо розуміти, що такий захист є умовним. Він залежить від перепрограмування свідомості та поведінки, щоб зменшити вплив негативних чинників. Цей процес не про те, щоб закриватися від світу, а про те, щоб навчитися взаємодіяти з ним так, щоб зберігати емоційну рівновагу.

Так само важливо уникати ізоляції у своєму «бульбашковому просторі», відрізаючи себе від інших у спробі захиститися. Хоча це може здаватися безпечним у короткостроковій перспективі, створення штучних бар'єрів може призвести до саморуйнування. Люди за своєю природою є соціальними істотами — ми процвітаємо у зв'язках із іншими, і тривала ізоляція може роз'їдати наш психічний і емоційний стан.

Ключ полягає в балансі. Людина має культивувати гармонію як у собі, так і у своїх стосунках із зовнішнім світом. Справжній захист не полягає у відстороненні від життя, а в тому, щоб навчитися залишатися відкритими до досвіду, не дозволяючи йому захоплювати нас повністю.

***

Напередодні Різдва наші друзі з Баффало запросили мого чоловіка та мене до себе, де ми мали задоволення познайомитися з цікавою людиною на ім'я Марк. Ми зібралися в затишному куточку клініки й поринули в розмову, яка, як мені здається, стає дедалі актуальнішою з кожним днем: взаємодія між енергією та матерією, свідомістю та матеріальною реальністю — тема, яка продовжує захоплювати багатьох.

Семеро з нас, дорослі люди різного віку, професій і життєвого досвіду, обговорювали численні способи, якими Закон притягання проявляється в нашому житті. За останній місяць я стикалася з багатьма джерелами, які підтверджували ідеї, що давно мене хвилювали, — точніше, підтверджували спостереження, які я отримувала роками.

Наша розмова почалася з обговорення фільму «Секрет», який нещодавно вийшов на екрани, але вже викликав глибокі зміни у мисленні багатьох глядачів. Хоча фільм був створений за звичною голлівудською формулою — яскраве освітлення, драматичні звукові ефекти, динамічний монтаж, він ефективно передав потужне послання про механізми дії Закону притягання. Завдяки такій динамічній подачі фільм зміг охопити широку й різноманітну аудиторію, незалежно від їхнього походження чи переконань.

Цікаво, що одна знайома подарувала мені копію «Секрету» саме тоді, коли я працювала над цією книгою і читала «Просіть — і буде вам дано» Естер і Джері Гікс. Мої розмови з Ангелом часто відображали діалоги між Естер і Авраамом, які відповідали на її запитання так само, як Ангел відповідав на мої. Немов за задумом, пізніше мене запросили зустрітися з Естер у Торонто, що дало мені ще глибше розуміння цих вчень. За останні кілька місяців книги Естер і Джері Гікс про Закон притягання викликали безліч дискусій, включно з тією, яку ми мали того вечора.

Ще однією книгою, яка чудово поєднує науку й духовність, є «Поле» Лінн Мактаґґарт.

Мактаґґарт вирушила у надзвичайну подорож, відвідуючи різні країни, щоб зустрітися з провідними експертами в галузі квантової фізики, математики, біохімії та інших дисциплін, які прагнуть розкрити закони, що керують Всесвітом — від найменших частинок до безмежності космосу.

У книзі «Поле» Лінн Мактаґґарт об'єднує сучасні наукові знання про структуру Всесвіту та закони, що керують енергією вібруючих електронів і субатомних частинок. Її робота демонструє, що всі ми є частиною єдиного енергетичного поля, яке проявляється як на тонких, так і на фізичних рівнях.

Найбільше мене вразило те, наскільки висновки Мактаґґарт перегукуються з інсайтами, які я отримувала від Ангела, а також із знанням, яке Авраам передавав Естер. Ця дивовижна синхронність підтвердила мені, що істина може текти через різні канали — наукові, духовні й інтуїтивні, і зрештою сходиться до одного основного розуміння.

Як я вже згадувала раніше, Ангел — це не одна сутність. Це не сукупність окремих істот, і ці "істоти" не є "існуваннями" у звичному сенсі. Швидше, це складні прояви енергії та інформації. Подібно до цього, Авраам, який спілкується з Естер, представляє себе у множині — не як окрема істота, а як нефізичне джерело знань і енергії. Коли Ангел проявляється як одна присутність, це робиться для полегшення нашої комунікації, щоб мені було простіше зрозуміти. Так само Авраам, хоч і говорить про себе у множині чи як «Вони», приймає чоловічу ідентичність і часто сприймається як «Він».

Під час нашої різдвяної зустрічі розмова перейшла до важливості поширення знань про енергетичні зміни, які зараз відбуваються у Всесвіті. Ще кілька років тому я б сумнівалася, чи варто обговорювати такі теми з незнайомими людьми, побоюючись, що мене можуть вважати «дивною» чи «божевільною».

Проте люди, з якими я зустрічаюся й обговорюю ці теми, походять з різних куточків світу, мають різноманітну освіту й життєвий досвід. Багато з них мого віку, говорять різними мовами та дотримуються різних традицій. І все ж вони, здається, отримують інформацію з єдиного Джерела — Джерела, яке має багато імен: Бог, Ангели, Біоінформаційне поле, Біоенергетичне поле, Святий Дух, Авраам, Егрегор тощо. Хоча термінологія відрізняється, знання, яким вони діляться, дивовижно схоже за змістом і метою. Ця послідовність зміцнила мою впевненість у отриманих інсайтах і дала впевненість у тому, що я не самотня.

Це питання, над яким, імовірно, замислювалися багато хто з нас: якщо ці зустрічі — не збіг, то що ж відбувається? І якщо все більше людей переживають пробудження свідомості, чи означає це, що вищі сили втручаються у наше життя у відповідь на якусь загрозу для людства?

Відповідь Ангела була без вагань: жодної загрози немає, попри екологічні кризи, виснаження ресурсів та інші виклики, з якими ми стикаємося. За словами Ангела, у Всесвіті є безмежні джерела енергії. Справжній виклик полягає в тому, щоб навчитися розумно отримувати доступ до цих джерел, мінімізуючи шкоду, заподіяну нашим продовженням використання традиційних палив.

Ми також маємо усвідомити, що живемо в епоху інформації, коли знання можуть передаватися миттєво через високошвидкісні мережі зв'язку. Це дозволяє людям знаходити однодумців і встановлювати зв'язки на величезних відстанях, прискорюючи пробудження свідомості та створюючи ефект хвилі по всьому світу.

Я запитала Ангела, чи є ті, хто, здається, підключається до інформаційно-енергетичного поля, особливо обраними. Відповідь була ствердною: Всесвіт обирає певних людей як посланців своїх знань. Але за якими критеріями відбувається цей вибір?

Виявляється, існує багато критеріїв, але найважливішими є готовність і здатність застосовувати отримані знання. Щоб отримати доступ до вищого знання, потрібно стати подібним до дитини — вільним від земних відволікань, відкритим до навчання й сприйнятливим до нової інформації. Якщо спостерігати за поведінкою здорової дитини, можна помітити, що вона живе повністю в теперішньому моменті, приймаючи кожен досвід із радістю й цікавістю. Дитина приймає те, що їй дають, без опору й знаходить щастя навіть у найпростіших речах.

При народженні дитина нічого не знає ні про мову, ні про знання світу; її життя — це процес відкриттів, всесвіт, що чекає на дослідження. Так само, як дитина відкривається світу, світ відкривається їй у відповідь. Подібно до цього, щоб отримувати знання Всесвіту, ми повинні залишатися відкритими й не чинити опору. Іноді відповіді, які ви отримуєте, можуть не відповідати вашим очікуванням чи бажанням. У моєму досвіді були моменти, коли відповіді з вищого джерела розчаровували або навіть шокували мене. Але я навчилася, що ці істини були необхідними для мого зростання, а їх прийняття вимагало відкласти своє Его вбік.

Проте відкритості недостатньо. Здатність отримувати знання також вимагає смирення, щоб заглушити его і слухати глибоко. Багато людей несвідомо створюють власні відповіді, фіксовані шаблони чи установки, і тим самим закривають себе від справжньої інформації. Коли відповіді не збігаються з їхніми очікуваннями чи бажаннями, вони перестають слухати, чуючи лише те, що хочуть почути.

Ще одним важливим критерієм є відсутність страху перед невідомим і здатність поважати все, що існує, навіть якщо це неможливо пояснити сучасними науковими законами. Я часто стикалася з роздратуванням або гнівом з боку людей, які не вірять у Бога. Багато хто не усвідомлює, що атеїзм також є системою вірувань — вірою у відсутність Бога. Цікаво, що коли говорити з такими людьми про структуру та закони Всесвіту, не згадуючи слово «Бог», стає очевидним, що вони вірять у існування єдиного інформаційно-енергетичного поля, яке пов'язує всі речі.

Хоча науковий прогрес зараз пояснює багато явищ, не всі знайомі з останніми відкриттями в квантовій фізиці, хімії й генетиці. Ці галузі починають надавати наукові пояснення знанням, які раніше знаходилися лише в сакральних текстах. Як стверджують стародавні вчення: «На початку була Енергія». Завдяки Світлу, як прояву цієї Енергії, виникла матерія.

Ще одним важливим критерієм є здатність любити. У кожного є своє розуміння любові, але справжня Любов виходить за межі романтичних стосунків чи фізичного потягу. Вона проявляється у багатьох формах — між батьками й дітьми, друзями, колегами, однодумцями й навіть незнайомцями. Любов до природи, тварин, мистецтва й довкілля — ще одна потужна форма цього почуття. Ці позитивні вібрації несуть у собі творчу енергію Всесвіту.

Я запитала Ангела: «Яка найважливіша заповідь, якої ми повинні дотримуватися?» Адже нам часто говорять, що наш найвищий обов'язок — це любити Бога. Але чи потребує Бог нашої любові?

Ангел відповів: «Найважливіша заповідь — це любити себе. Коли людина по-справжньому любить і поважає себе, ця любов природно поширюється на Бога, адже в кожній людині є іскра божественного — частинка Всесвіту. Люблячи себе, людина стає здатною виражати справжню любов до інших — до ближніх, до людства і до світу загалом.

Якщо хтось стверджує, що любить Бога, але не любить себе чи інших, його слова порожні. Любов, яка існує лише у словах, — це не справжня любов. Справжня любов проявляється через дії, як до себе, так і до інших».

Зрештою, Всесвіт пропонує свою мудрість тим, хто готовий слухати, відкритий до навчання й налаштований на дію. Шлях до зростання й самореалізації лежить через самоусвідомлення, любов і чесність — якості, що дозволяють нам узгоджуватися з потоком універсальної енергії. Тільки втілюючи ці риси, ми можемо повною мірою отримати глибокі знання, які пропонує Всесвіт. Це знання не лише для особистої користі, але й для блага всього людства, створюючи хвилі позитивних змін, які виходять далеко за межі окремої особи.

Всесвіт обирає тих, хто готовий діяти, а не лише тих, хто шукає знання заради знання. Одного розуміння духовних законів недостатньо — їх потрібно проживати. Зміни й зростання приходять через дії, через вибір, який ми робимо щодня, навіть якщо він здається незначним. Любов, чесність, відкритість і мужність — це ті керівні принципи, які дозволяють нам рухатися вперед у гармонії з Всесвітом.

У цьому процесі немає кінцевої точки — є лише безперервне навчання й розвиток. Шлях розкривається крок за кроком, пропонуючи нові знання, виклики й можливості, коли ми стаємо готовими до них. Пробудження свідомості — це не одноразова подія, а подорож, безперервний процес наближення до істини як у собі, так і в навколишньому світі.

Коли ми це розуміємо, ми перестаємо чинити опір урокам або боятися невідомого. Натомість ми приймаємо життя як спільне творіння з Всесвітом. Кожна думка, кожна дія створює хвилі, які впливають не лише на наш особистий світ, але й на колективну свідомість людства.

Зрештою, Всесвіт відповідає тим, хто слухає, навчається і діє. Він терпляче чекає, поки кожен із нас узгодиться з його потоком. І коли ми пробуджуємося, ми стаємо водночас і учнями, і вчителями — посланцями тієї самої істини, яка відлунює у всьому: ми взаємопов'язані, ми ніколи не самотні, і любов є сутністю всього творіння.

***

Існує безліч книг, присвячених спілкуванню з потойбічним світом. Як я вже згадувала, термін «потойбічний» можна замінити словами «альтернативний» або «паралельний» — це вимір, що існує в іншій площині, але все ж діє в рамках нашого фізичного світу. Різні енергії проявляються по-різному, залежно від їхньої природи та частоти.

Однак я завжди відчувала необхідність уточнити деякі тонкощі цих понять — духи, ангели, духовні вчителі, Святий Дух. Через розмови з Ангелом я зрозуміла, що ці взаємодії відбуваються не з конкретними окремими істотами, а з нескінченним полем енергії та інформації. Це поле виходить за межі особистості, не маючи кордонів єдності чи множинності.

Це приводить до захопливого питання: чому одні люди бачать духів або привидів, часто зловісних на вигляд, тоді як інші зустрічають святих, ангелів або навіть Божественне Джерело? Відповідь лежить у самій людині. Енергія, з якою вони взаємодіють, відображає їхні внутрішні переконання, схильності та відкритість. Духи, ангели й учителі — це просто прояви енергії на різних рівнях, які з'являються у формах, відповідних тому, що людина готова прийняти.

Наприклад, якщо людина вірить у духів, вона притягує спілкування на цьому рівні. Якщо хтось шукає присутності святих, енергія набуває цієї форми, і вони можуть побачити Діву Марію, Ісуса Христа, Святого Петра чи Фатіму. Точно так само, якщо людина бажає зв'язатися з померлим родичем чи історичною особистістю, вона отримує цей досвід. По суті, ми знову повертаємося до Закону притягання: те, що ви шукаєте, — це те, що ви отримуєте.

Існує багато теорій, припущень і спекуляцій щодо структури потойбічного світу; деякі стверджують, що серед духовних істот існують ієрархії або навіть конфлікти між різними сферами. Ці теорії часто виникають через людську схильність досліджувати невідоме, керуючись цікавістю.

Проте потойбічний світ діє за законом невтручання, також відомим як закон поваги до свободи волі. Цей закон гарантує, що ніхто й ніщо не втрутиться в життя людини, якщо на це немає чіткого запрошення. Незалежно від того, чи шукає хтось керівництва, допомоги або знання, потойбічний світ відповідає лише на запит. До того часу ці енергії залишаються пасивними, поважаючи автономію людини та її право обирати свій шлях.

Я зустрічала людей, яким було надано доступ до «сховищ знань» Всесвіту. Однак багато хто з них нехтував важливою істиною: вони лише гості у світі, що не належить їм.

Уявіть, що ви живете в багатоквартирному будинку. Час від часу ви зустрічаєте сусідів у ліфті — деякі з них привітні, інші більш стримані. Одного дня доброзичливі сусіди запрошують вас до своєї квартири, тому що їм подобається ваша теплота й дружелюбність.

Як гість, ви входите в незнайомий простір. Ви не знаєте, скільки кімнат має квартира, хто ще там живе чи які особисті історії ховаються за її стінами. Поступово, пристосовуючись до обстановки, ви стаєте спостерігачем. Однак ваша перспектива обмежена, а розуміння неповне. Коли ви повертаєтеся до своєї квартири, ви можете поділитися тим, що побачили й почули. Але, як би об'єктивно ви не намагалися розповісти, ваша оповідь неминуче буде формуватися вашим особистим сприйняттям, упередженнями та досвідом.

Коли для вас відчиняють двері, завжди пам'ятайте, що ви залишаєтеся гостем. Це означає, що ви побачите лише частину загальної картини — маленький проблиск іншого світу. Як земна істота, ви не повинні осягати цілісність цього виміру. Це не ваше місце — робити висновки про те, що там відбувається. Якщо ви стикаєтеся з тим, що не розумієте, питайте у «господарів» напряму, але робіть це без очікувань на повну відповідь. Деякі істини завжди залишатимуться поза вашим розумінням просто тому, що ви ще не готові їх повністю осягнути.

Як гість, підходьте з покорою. Стримуйте бажання з цікавості зазирнути в кожен куток. Вам покажуть лише те, що господарі вважають за потрібне, не більше й не менше. Духовне розуміння потребує підготовки, і спроби осягнути його передчасно можуть завдати більше шкоди, ніж користі.

Найважливіше правило таке: не ставайте пліткарем. Як застерігає Біблія, якщо знання було довірено вам згори, воно призначене лише для вас, і ви маєте оберігати його в собі. Якщо ви відчуваєте потребу поділитися тим, що дізналися, — у розмові чи публікації — спершу зверніться до Джерела за дозволом. Важливо бути уважним і виваженим у тому, що ви розкриваєте. Завжди пам'ятайте: одного дня ви повернетеся до цього іншого світу, можливо, надовго, можливо, назавжди.

Лізти в божественні справи, ігноруючи недоліки й «бруд» у своєму власному житті, — це ознака глибокого невігластва й неповаги до Того, хто вас створив. Така необережна цікавість має наслідки. Я знала людей, які, отримавши доступ до вищих знань, втратили свої дари, творчість, повагу інших і навіть здоров'я. Їхнє життя розпалося не тому, що їм було дано це знання, а тому, що вони дозволили спокусі цього знання захопити себе. Вони стали лише споживачами того, що їм відкривалося, забувши про відповідальність, яка супроводжує такий дар.

Кожне слово в цій книзі написане з дозволу Ангела і тих, хто ділиться зі мною знанням через різні канали. Кожна мить мого життя наповнена глибокою вдячністю Ангелу за надзвичайний дар творення, довірений мені.

***

Я часто чую, як люди говорять, що для спілкування з іншими вимірами необхідно мати особливий дар. Якщо бути чесною, більшу частину свого життя я не замислювалася над тим, чи маю я такий дар, божественний дар, чи ні. Найбільшим даром із усіх є здатність любити, а це, по суті, здатність творити.

Кожна дитина народжується з даром творення. Якщо уважно спостерігати за дітьми, можна помітити, що вони часто граються наодинці, вигадуючи власні історії, де іграшки оживають і стають персонажами їхніх особистих казок. Це не просто наслідування навколишнього світу — це справжнє творення. Цікаво, що діти рідко самі вигадують злих персонажів. Це ми, дорослі, знайомимо їх із такими фігурами, як Баба Яга, Кощій Безсмертний чи злі дракони. Хоча багато дорослих казок закінчуються щасливо, ці зловісні образи можуть залишити глибокий слід, сіючи в дитячій свідомості зерна страху.

Щаслива дитина уявляє яскраві, радісні історії з веселими персонажами. І якщо в їхній історії з'являється Баба Яга, то вона часто перетворюється на добру й милосердну фігуру. Саме поняття боротьби зі злом і знищення лиходіїв — це те, що накладають дорослі. Дитина приходить у цей світ із виміру, де немає битв і воєн. У тому місці енергії змінюються та вирівнюються, але немає боротьби за владу чи володіння.

Кожна людина народжується з даром творення. Хтось виражає його через музику, інші через мистецтво, багато хто через майстерність у своїй обраній сфері. Однак дари потрібно плекати, інакше є ризик, що вони будуть забуті. Занадто часто люди виростають і полишають думку про те, що вони обдаровані. Дехто вважає за краще злитися із сірою масою, уникаючи дискомфорту, пов'язаного з виділенням. Інші поступово стагнують, не бажаючи займатися самовдосконаленням чи внутрішнім розвитком, занурюючись у гонитву за матеріальними благами й нехтуючи духовним зростанням або замінюючи його формальною релігійністю.

Люди можуть мати кілька дарів. Мені часто говорили, що я «лікар від Бога», маючи на увазі природний талант зцілювати. Ті, хто бачив мої світлини, відзначали, що в мене є дар помічати й передавати миттєву красу світу, що нас оточує. Читачі моєї поезії й прози відзначали мій літературний талант. Мої картини викликали захоплення, і їх називали роботами обдарованої художниці. А коли я виступала з лекціями на конференціях і семінарах, мені казали, що я талановитий оратор і викладач.

Однак, як часто я б не чула похвалу за свої таланти, я знаю одне: кожен дар вимагає постійної праці, безперервного вдосконалення та розвитку.

Спілкування з іншими вимірами може вимагати або не вимагати особливого дару. Воно передбачає відкритість до отримання інформації. Багато людей захищають себе штучними бар'єрами, відрізаючи не лише інших, але й увесь світ. Вони часто очікують чудес — негайної появи духа чи миттєвого виконання своїх бажань. Коли цього не стається, настає розчарування, що нерідко проявляється у скептичному запереченні: «Це все нісенітниця».

Однак ми всі маємо потенціал діяти як антени й трансформатори для отримання та передачі енергії та інформації. Дехто відкриває цю здатність випадково, інші ж потребують наставництва, щоб пробудити й розвинути її. Багато екстрасенсів називають себе спадковими, стверджуючи, що дар передбачення передається через покоління. Однак дар передбачення не закладений у наших генах. Швидше, ці люди зростають у середовищах, де практики, такі як ясновидіння, ворожіння та магічні ритуали, заохочуються членами їхніх родин. Іншими словами, спадкові провидці та ворожбити мають наставників, часто у власних сім'ях, які сприяють розвитку їхнього дару до прогнозування.

Дар передбачення, у своїй суті, полягає в здатності підключатися до Вселенського інформаційного поля. Екстрасенси не бачать життя людини від початку до кінця, наче фільм. Натомість вони отримують конкретні образи — фрагменти мозаїки, які не завжди є проблисками майбутнього чи минулого.

Сільвія Браун, відома екстрасенс і автор численних книг, визнавала, що її передбачення ніколи не бувають на 100% точними; її успіх становив близько 90%. Проте цей рівень точності був досягнутий завдяки безперервній практиці та вдосконаленню здатності спілкуватися з іншими вимірами. Для більшості екстрасенсів точність прогнозів зазвичай коливається між 50% і 70%.

Насправді всі ми маємо потенціал до передбачення, навіть якщо не вважаємо себе ясновидцями. На базовому рівні передбачення з точністю у 50% — це природно: адже прогноз або справдиться, або ні.

Кілька років тому мені випала нагода зустріти дивовижну жінку на ім'я Людмила. Вона була популярнішою за будь-якого лікаря чи священника у місті. Постійний потік людей збирався біля її квартири, чекаючи на свою чергу, щоб звернутися по допомогу.

Я завжди ставилася обережно до тих, хто стверджує, що є ясновидцями, цілителями або провидцями, обдарованими Богом, особливо до тих, хто рекламує себе по телебаченню чи в газетах і журналах. Багато з них більше покладаються на груповий гіпноз, ніж на справжній дар. Насправді деякі з них — це звичайні шахраї, які будують свою репутацію завдяки вмілій рекламі та підтримці спільників, що вправно маніпулюють довірливою аудиторією.

Одна моя подруга вирішила піти до Люди не для лікування, а щоб дізнатися про майбутнє своїх стосунків із чоловіком, якого вона підозрювала у зраді. Мене не надто тішила думка просидіти кілька годин у тісному коридорі разом з іншими відвідувачами, але я погодилася супроводити її, оскільки вона була дуже засмучена і потребувала моральної підтримки.

Люда приймала клієнтів у вітальні-спальні своєї однокімнатної квартири. Коли нарешті настала черга моєї подруги, я збиралася почекати зовні, але Люда, помітивши, наскільки засмучена моя подруга, люб'язно запросила мене приєднатися до них. Я сіла в кутку кімнати, тихо спостерігаючи.

Люда сиділа за маленьким столиком і лагідно розмовляла з моєю подругою. Незабаром у подруги на очах з'явилися сльози: очевидно, новини, які вона отримала, не були втішними. Через деякий час моя подруга відійшла до іншого кінця кімнати, а Люда почала уважно її оглядати, вивчаючи ауру, яку, за її словами, вона зазвичай бачила у вигляді білого світла.

Я продовжувала спостерігати в тиші, коли Люда зазначила кілька проблем зі здоров'ям, які турбували мою подругу. Хоча її зауваження були точними, мене це особливо не вразило. Я вже знала про деякі з цих проблем, і не могла бути впевненою, чи подруга згадала їх під час розмови.

Люда ніколи не брала грошей за свої сеанси. Вона казала, що якщо люди хочуть їй віддячити, їхня винагорода має відображати їхню власну щедрість. Вона воліла зовсім не мати справи з грошима. Натомість відвідувачі залишали готівку, їжу чи невеликі подарунки на кухонному столі.

Коли ми з подругою вже збиралися йти, Люда звернулася до мене:

— Хочете, я подивлюся вас?

— Мені не шкода, — відповіла я, цікава дізнатися, які методи вона використовує для ясновидіння і чи справді здатна читати аури.

— Тоді станьте переді мною, — інструктувала вона.

Я відійшла приблизно на два метри від Люди й повернулася до неї обличчям. Вона почала уважно мене розглядати.

— Так не піде, — сказала вона. — Чому ви мене блокуєте? Розслабтеся, я лише спостерігаю.

Вона мала рацію — я інстинктивно поставила ментальний захисний бар'єр, який заважав їй повністю «читати» мою ауру, і, мабуть, не лише її. Я усміхнулася й дозволила бар'єру розчинитися, відкрившись для її огляду.

Люда продовжувала уважно мене вивчати, коментуючи стан різних органів, усі з яких, за її словами, були абсолютно здоровими. Потім вона зупинилася й запитала:

— У вас коли-небудь були проблеми зі спиною? Серйозна травма, можливо?

— Ні, — відповіла я, здивована. — У мене ніколи не було травм хребта.

Люда довго й задумливо дивилася на мене, її вираз обличчя став зосередженим.

— Ні, я впевнена, — сказала вона. — Я бачу сильне спотворення в енергетичному полі ось тут.

Вона підійшла ближче й вказала на конкретне місце на моїй спині, де, як вона вважала, була проблема. Оскільки я була повністю одягнена, вона не могла бачити жодних шрамів, деформацій чи набряків.

— У цьому місці точно була серйозна травма. Давайте продовжимо, — сказала вона, відступивши, щоб продовжити огляд.

На той момент я мала справу з хронічною норицею, яка, за словами лікарів, вимагала термінової операції. Однак я вирішила відкласти процедуру на кілька тижнів, щоб проконсультуватися з більш досвідченим фахівцем в іншому місті.

— Я думаю, ми можемо спробувати вирішити вашу проблему іншим способом, — запропонувала Люда. — Якщо не вийде, завжди зможете зробити операцію.

Її впевненість здивувала мене. Ніхто, окрім мене, мого чоловіка й лікаря, який мене лікував, не знав про мій стан. Це була дуже особиста проблема, про яку я нікому більше не розповідала. Проте Люда говорила спокійно й впевнено, пропонуючи свою допомогу.

— Добре, я прийду, — відповіла я. — Скільки я вам винна?

— Нічого, — твердо сказала Люда. — І, будь ласка, не залишайте гроші на кухонному столі.

Я була здивована.

— Чому ні? Чому нічого?

— Тому що ви одна з Обраних, — відповіла вона. — Мені заборонено брати у вас гроші чи будь-яку іншу плату. Ми поговоримо про це іншим разом.

Її слова приголомшили мене. Що вона мала на увазі під «Обраною»? І чому їй заборонено приймати від мене оплату?

Того вечора, коли я повернулася додому, я почала перевдягатися й випадково побачила свою спину у дзеркалі. Саме тоді я помітила шрам. Як я могла забути? Він був точно на тому місці, яке вказала Люда.

Кілька років тому, під час курсу фізіотерапії, я зазнала серйозного електричного опіку. Завідувачка відділення фізіотерапії була шокована — нічого подібного раніше під її керівництвом не траплялося. Один із електродів, прикладених до моєї поперекової ділянки, викликав глибокий опік, що проник у шкіру та підлеглі тканини приблизно на 1,5 сантиметра. Утворилася рана розміром із невелику монету.

Коли скоринка з рани нарешті відпала, отвір був досить великим, що у нього міг поміститися кінчик мізинця. Окрім фізичного болю, я почала відчувати проблеми з травленням і органами малого таза, оскільки травма сталася небезпечно близько до поперекового нервового сплетіння. Знадобився понад рік, щоб рана загоїлася й організм знову почав нормально функціонувати. З часом шрам зблід, і я забула про весь цей інцидент.

Хоча опік більше не завдавав мені значних незручностей, він змінив біоенергетичне поле навколо моєї поперекової ділянки. Саме цю травму, ймовірно, і відчула Люда.

Я почала відвідувати Люду майже щодня на сеанси тривалістю 20–30 хвилин. Вона працювала з енергією, спрямовуючи її та фокусуючи через свої руки. Молитва була невід'ємною частиною кожного сеансу, оскільки Люда твердо вірила, що її дар зцілення — це благословення від Бога.

Її здібності до ясновидіння й зцілення проявилися після серйозної операції на мозку. Спочатку вона опиралася видінням, які почали з'являтися, намагаючись зрозуміти їх. Довгий час вона боялася навіть розповісти про свої нові здібності чоловікові. Але з часом Люда прийняла свою роль. Вона була не лише проникливим радником і співчутливим слухачем, але й мудрою вчителькою. Люда завжди наполягала, що її знання й здібності походять безпосередньо від Божественного Джерела.

Результати сеансів не змусили себе чекати. Протягом півтора місяця нориця, яка турбувала мене більше року, зникла. Я була в захваті від того, що знову відчувала себе здоровою. Час, проведений із Людою, також підтвердив те, що я давно підозрювала: мої власні здібності й усвідомлення також були пов'язані з тим самим Джерелом.

Люда часто заохочувала мене займатися зціленням, запевняючи, що я маю такий самий потенціал, як і вона. У багатьох аспектах я вже використовувала свій дар. У своїй медичній практиці я часто покладалася на інтуїцію для діагностики й лікування пацієнтів. Жінки, які роками страждали безпліддям, вагітніли через місяць-два після моїх консультацій. Я могла виявити злоякісні пухлини на ранніх стадіях і спрямовувала пацієнтів, зокрема й мого власного батька, на своєчасні обстеження та лікування. Ці маленькі перемоги не лише приносили радість моїм пацієнтам, але й дарували мені глибоке особисте задоволення.

Через цей досвід я не могла повністю погодитися з твердженням Люди, що я не використовую свій дар. Можливо, я просто публічно не демонструвала його й не говорила про це відкрито, навіть із найближчими людьми.

Люда також проводила групові молитовні зустрічі для тих, хто вірив у Бога. Для інших вона використовувала для зцілення Світло. Біле світло відігравало центральну роль у її роботі, і вона часто включала свічки в свої сеанси. Вражало те, що її знання про зцілення за допомогою світла й полум'я здавалися інтуїтивними. Хоча сучасна наука може пояснити ефективність таких методів через біофізику, біохімію й навіть квантову фізику, сама Люда не могла обґрунтувати це науково. Однак її методи були гармонійними, цілеспрямованими й беззаперечно ефективними.

З вікна Людиної квартири були видні куполи найближчої церкви. Під час богослужінь вона часто спостерігала стовпи білосніжної енергії, які піднімалися з куполів храму. Щоразу, коли вона бачила ці сяючі потоки, її очі світилися від радості.

Більшість відвідувачів, які годинами чекали в її тісному коридорі, шукали не зцілення — вони приходили за ворожінням. Але Люда не надто любила передбачати майбутнє.

— Уяви, — якось сказала вона мені. — Приходить жінка в сльозах, тримаючи фотографію свого чоловіка або якусь його річ. Вона благає мене дізнатися, чи він їй зраджує, переконана, що він закоханий в іншу. Я фокусуюся на ній, потім на її чоловікові — і раптом бачу, що справжня проблема не в ньому, а в ній. Вона не була чесною, навіть із самою собою. І навіть якщо її чоловік має почуття до іншої жінки, їхній зв'язок чистий і гармонійний. То як я маю сказати цій гіркій, невірній дружині, що проблема в ній самій і що я не допоможу їй «повернути» чоловіка?

Природно, деякі відвідувачі залишали сеанси Люди невдоволеними чи навіть розчарованими.

Один цікавий випадок трапився в житті моєї знайомої. Кілька років тому, незадовго після того, як я переїхала до Канади, у мене виникло передчуття, що її чоловік загине в нещасному випадку. Я не знала, коли саме чи як це станеться, але була впевнена, що це буде пов'язано з його проблемою алкоголізму. Однак, коли я розмовляла з нею, мені не вистачило сміливості прямо попередити її про наближення небезпеки, особливо враховуючи, що вона й так була пригнічена відчаєм через його пияцтво.

Минали роки, і її чоловік все ще був живий — і, як і очікувалося, все ще пив. Одного дня я знову зустріла її, і ми опинилися разом у Люди вдома. Під час розмови я мимохідь зауважила, що не всі передбачення збуваються, й висловила полегшення, що похмуре передчуття про смерть її чоловіка не здійснилося.

Жінка здивувалася:

— Як ти могла мовчати про щось таке серйозне — про загрозу життю мого чоловіка?

Тоді вона розповіла те, чого я не знала: крім Люди та мене, ще одна ясновидиця також передбачала його передчасну смерть. Проте жодне з цих передбачень не справдилося.

— Невже всі троє могли помилитися? — запитала вона. Здавалося неймовірним, що три різні людини з різних куточків світу могли побачити однаковий результат і всі виявитися неправими. Тож що ж насправді сталося?

Коли вона вперше почула ці попередження від Люди й іншої ясновидиці, вона відчувала глибокий внутрішній конфлікт. Щоразу, коли її чоловік приходив додому п'яним, вона переповнювалася образою й болем, майже готова прийняти його смерть як спосіб позбутися страждань. Але її любов до батька їхніх дітей і сумління зрештою брали гору. Вона годинами молилася, благаючи Бога пробачити йому. У своїх молитвах вона змушувала себе забути про біль, який він завдавав їй, і зосереджувалася натомість на хороших моментах, які вони пережили разом.

Часом її чоловік утримувався від алкоголю, і в ці періоди їхнє сімейне життя розквітало, наповнюючи дім радістю й спокоєм. Згодом вона народила дитину, на яку довго чекала, — благословення, що ще більше зміцнило її рішучість.

Зрештою, її наполегливість, любов до родини та відданість чоловікові допомогли відвернути трагедію, яка колись здавалася неминучою.

Коли ми втрьох, Люда, наша знайома і я сиділи за кавою, ми обговорювали передбачення, розмірковуючи, які з них справдилися, а які ні, і чому. Люда й я погодилися, що люди завжди мають вибір. Жодна з нас не вірила в фаталізм. Насправді, люди впускають фаталізм у своє життя, коли починають вірити в негативні передбачення. Прийнявши їх, кожен їхній крок лише наближає їх до цього результату. Наші думки формують нашу реальність, притягуючи події відповідно до них.

Часто люди діють із впертості, чи то проти «долі», інших, чи навіть самих себе. «Усі сказали робити так, а я зроблю по-своєму, хоч би що!» Але врешті-решт у нас завжди є вибір. Навіть у здавалося б безвихідних ситуаціях завжди є вихід. А якщо рішення не видно одразу, іноді найкраще дати ситуації час.

Часто я чую від знайомих: «Я зробив усе, що міг, але проблема не вирішилася або навіть погіршилася». У такі моменти я раджу їм зробити крок назад і залишити проблему на деякий час. Попросіть Бога чи Всесвіт про допомогу, а потім припиніть хвилюватися про це.

Я завжди пам'ятаю слова моєї бабусі: «Якщо Бог дасть день, Він дасть і хліб». Є й чудове прислів'я: «Ранок вечора мудріше». Тож, коли лягаєте спати, відпустіть свої турботи. Закрийте очі, усміхніться й скажіть: «Боже (або Всесвіте), я зробив усе, що міг. Тепер прошу твоєї допомоги та керівництва».

Подумайте про щось приємне або просто дозвольте собі заснути. Вранці ви відчуєте полегшення й ясність у думках. І протягом кількох днів або навіть годин ви можете побачити, що проблема вирішилася у вашу користь.

Посмішка Ангела — це прекрасна річ. І коли ви посміхаєтеся, Ангел, Божественне й Всесвіт посміхаються вам у відповідь.

***

Моє життя було наповнене зустрічами з надзвичайно цікавими людьми. Я уникала зустрічей із нечесними чи зловмисними людьми. Відповідь лежить, перш за все, у Законі притягання: я притягую добрих, розумних і співчутливих людей, оскільки намагаюся залишатися вірною своїм моральним принципам. Іншими словами, я свідомо докладаю зусиль, щоб бути доброзичливою, співчутливою й мудрою у своїх взаємодіях. Відоме прислів'я «Що посієш, те й пожнеш» ідеально відображає цей основний принцип — якщо ви сієте добро, ви пожнете добро.

По-друге, навіть коли я зустрічаю людей, які є менш чесними чи доброзичливими, захист і керівництво мого Ангела й Божественного забезпечують, щоб ці зустрічі були короткотривалими й не мали серйозних наслідків. Щоразу, коли я відчуваю невпевненість у тому, чи можу довіряти комусь, я звертаюся до Них за порадою. Звісно, я не застрахована від помилок, але щойно відчуваю будь-який дискомфорт, одразу прошу про допомогу.

Ніколи не вагайтеся звертатися за порадою чи допомогою, особливо коли стикаєтеся з важливим рішенням і відчуваєте внутрішній конфлікт чи сумніви.

Існує простий метод для спілкування з Всесвітом. Почніть із того, щоб встати прямо або сісти зручно на стілець. Заплющте очі й приділіть кілька секунд для розслаблення. (Коли ви станете більш налаштованими на отримання чітких відповідей, ви зможете спілкуватися у будь-якому положенні та за будь-яких обставин.)

Сформулюйте своє запитання так, щоб відповідь могла бути або «Так», або «Ні». Потім зосередьтеся на своєму диханні чи відчуттях у тілі, дозволяючи своєму розуму залишатися спокійним і вільним від інших думок, питань чи готових відповідей.

Ви можете почати відчувати легкі рухи — нахили голови або зміщення тулуба, схожі на ніжні вібрації чи похитування. Якщо ваша голова природно нахиляється вперед, це означає «Так».

Якщо голова чи тіло відхиляються назад, це означає «Ні».

Цей метод простий і не потребує спеціальної підготовки чи умов. По суті, це форма медитації. Багато людей асоціюють медитацію з килимками для йоги, ізольованими кімнатами, позою лотоса, заспокійливою музикою чи певними йогівськими практиками. Однак нічого цього не потрібно. Ви можете спілкуватися з Всесвітом будь-де, будь-коли й у будь-якому положенні. Головне, почуватися фізично комфортно.

Якщо ваш одяг здається обмежувальним, послабте його або зніміть тісні пояси. Розслабте м'язи, уявивши, як хвилі тепла чи світла починаються на маківці голови й повільно течуть до кінчиків пальців рук і ніг. Якщо вам комфортно в напівтемряві, на самоті, при свічках чи під м'яку музику, використовуйте ці елементи, коли це можливо.

Чим природніше й розслабленіше ви будете почуватися, тим швидше навчитеся отримувати відповіді від Всесвіту.

Я неодноразово чула від віруючих і священників, що спілкування з "духами" вважається справою диявольською. Цікаво, що Біблія сповнена історій про людей, які спілкувалися з Богом, а також із провидцями та пророками. Якщо хтось бачить ангела або образ святого, це зазвичай сприймається позитивно й викликає піднесення. Однак, коли людина заявляє, що спілкується з ангелами, духами чи самим

Богом, не будучи ревним послідовником певної релігії, її часто звинувачують у шахрайстві й називають чаклуном, відьмою або навіть слугою сатани.

Через це я кілька разів запитувала свого Ангела, чи можна вважати моє спілкування з Ним "незаконним" з точки зору релігії, суспільства чи навіть здорового глузду.

Відповідь Ангела завжди була однаковою. Люди без винятку бачать у світі те, що вони хочуть бачити, інтерпретуючи все через призму свого власного "я". Якщо хтось вірить у існування злих сил, таких як диявол, демони чи нечисті духи, і постійно боїться зустрітися з ними, цей страх притягує потужні потоки негативної енергії. Завдяки своїй уяві вони створюють самі образи цих "нечистих духів".

Проте якщо людина вірить у всемогутність Божественного й приймає Його вселенську любов і захист, тоді в її житті не залишається місця для диявола чи злих сил.

Одного року ми святкували Новий рік у будинку родичів. Одна з родичок, глибоко віруюча, але її віра більше сліпа, ніж усвідомлена. Вона не розуміє, що Бог у ній, що Він піклується про неї, і що її життя мало б бути сповнене радості й щастя завдяки цій вірі. Натомість її життя обтяжене нескінченними складнощами та проблемами.

Проблема в тому, що вона завжди очікує чогось поганого. Вона живе в страху — перед людьми, ситуаціями й невідомим. Вона намагається підлаштовуватися під обставини замість того, щоб протистояти їм, і несе провину й тривогу без будь-якої реальної причини.

За кілька хвилин до опівночі вона раптом почала жалітися на те, що назвала ледь не трагедією в церкві. За її словами, диявол збив її з пантелику, через що вона залишила після служби книгу, сумку й якийсь одяг, і була впевнена, що їх хтось вкрав. Уся родина намагалася її заспокоїти, пояснюючи, що диявол тут ні до чого: вона просто забула ці речі, бо зазвичай була розсіяною й схильною до забудькуватості. Адже всі ми часом залишаємо речі через неуважність.

Ми запевнили її, що речі, ймовірно, знайдуться, і запропонували запитати про них у священника чи парафіян у церкві. Але замість того, щоб радіти святу Нового року, вона залишалася поглинена думками про те, що диявол втрутився в її життя й спричинив цю прикрість. Вона продовжувала наполягати, що це справа диявола (хоча як диявол міг втрутитися під час церковної служби?), і боялася, що це знак — рік буде нещасливим, із "чорною смугою" попереду. Її постійні тривоги зіпсували святковий настрій усім, і бій курантів майже пройшов непомітно.

На жаль, люди часто не розуміють, наскільки вони ускладнюють своє життя — і життя оточуючих, створюючи штучні бар'єри, які заважають їм відчувати любов, радість і захист Божественного.

***

Спілкування з Всесвітом, Біоенергетичним інформаційним полем, Богом, духами, ангелами чи будь-якою іншою формою, яка здається вам значущою, може відбуватися різними шляхами. Як я вже згадувала раніше, важливо залишатися відкритими до отримання інформації в будь-який час і в будь-якій формі. Відповіді не завжди приходять миттєво, тому часто потрібне терпіння. Спротив необхідно повністю відпустити — дайте відповіді прийти тоді, коли ви будете готові їх прийняти.

Відповідь на ваше запитання може прийти в безлічі форм. Наприклад, ви можете "випадково" увімкнути телевізор чи радіо, і конкретна фраза приверне вашу увагу — це і є відповідь. Або ви відкриєте книгу, і потрібне повідомлення чекатиме вас на правильній сторінці, і ви інстинктивно зрозумієте, що це ваша відповідь. Ви можете їхати в метро, і ваш погляд впаде на речення в журналі, який читає поруч пасажир. Товариш може несподівано зателефонувати й сказати саме те, що вам потрібно почути, давши ясність, якої ви шукали. Навіть випадковий перехожий може в розмові сказати щось, що дасть вам розуміння, якого ви чекали.

У моєму житті я неодноразово отримувала відповіді через різні форми й канали. Кожен із нас пов'язаний не лише один із одним, але й з іншими вимірами. Цей зв'язок існує, чи визнаємо ми його, чи ні. Він завжди був і залишатиметься, незалежно від нашого усвідомлення чи прийняття.

Нещодавно один із родичів мого чоловіка помер. Він серйозно хворів, тому в певному сенсі ми були готові до його відходу.

Одного ранку мені наснився сон: я побачила засніжений ліс, озеро з річкою й прекрасний білий корабель. Ми прощалися з людьми, які вирушали в невідому подорож у безмежну далечінь. Мій чоловік стояв поруч зі мною, стурбований тим, чи всі пасажири встигли піднятися на корабель. Коли я прокинулася, у мені змішувалися спокій і сум. Я згадала, що одного разу мій батько розповів мені: за кілька годин до своєї смерті він побачив у сні білий корабель. Його слова були такі: «Я бачив білий корабель. Він чекає, щоб відвезти мене в інший світ».

Того ж дня мій чоловік повернувся додому під час обідньої перерви й, не сказавши ні слова, почав запалювати всі свічки в домі. Зазвичай запалювати свічки, особливо ввечері — це те, що зазвичай роблю я. Майже ніколи ми не запалюємо їх удень. Зацікавившись, я запитала, що це означає, але він не зміг чітко пояснити.

За годину ми отримали телефонний дзвінок із повідомленням, що родич мого чоловіка — той, кого він вважав другим батьком, помер. Мій чоловік, Юрій, тихо сказав:

— Ми всі пов'язані в цьому світі. Я запалив свічки, щоб спалити негативну енергію й допомогти дядькові піти спокійно, без спротиву.

М'яке світло й мерехтливі вогники свічок не лише розвіяли накопичені страждання й біль, спричинені хворобою нашого родича, але й освітлили шлях його душі, що переходила в інший світ. Хоча нас розділяли тисячі кілометрів, у ті моменти ми були єдині, пов'язані в тому ж самому енергетичному полі, як одне ціле.

Якщо ви пам'ятатимете, що є частиною єдиного Цілого, нерозривно пов'язаного з Джерелом, цей зв'язок дедалі більше проявлятиметься у вашому житті через керівництво, підтримку, захист і любов, які ви будете відчувати щораз сильніше.

***

Серед людей, яких ми зустрічаємо й до яких звертаємося по допомогу, є такі, що використовують наші вразливості, моменти відчаю або складність наших проблем. На жаль, існує чимало так званих "цілителів", які діють під різними назвами — інколи навіть обираючи, на перший погляд, "наукові" терміни, але не всі вони чесні зі своїми клієнтами. Ці люди часто є не більше ніж шахраями, які вміють витягати великі суми грошей за нібито надприродні послуги зцілення. Вони добре розуміють людську психологію, особливо психологію тих, хто переживає стрес і відчай, — людей, які перебувають у стані вразливості й відчайдушно потребують допомоги.

Як ми можемо захистити себе від впливу таких людей?

Під час стресу та серйозних випробувань багато людей втрачають здатність ясно мислити чи аналізувати те, що бачать і чують. З одного боку, вони відкрито діляться своїми проблемами, шукаючи полегшення. З іншого боку, вони настільки поглинаються своїми труднощами, що віддаляються від реальності й від людей, які їх оточують — тих, хто міг би запропонувати кращу допомогу, ніж будь-який так званий "фахівець".

У своєму відчаї люди можуть вдаватися до крайніх заходів, саме в цей момент стаючи найбільш уразливими для обману.

Якщо ви не впевнені, чи можете довіряти цілителю, чи навіть лікарю, попросіть Бога про керівництво, і ви отримаєте відповідь. Ви також можете поговорити з цілителем, поставивши прямі запитання про його методи, досвід і кваліфікацію. Чіткі відповіді та прозорість є важливими, коли ви шукаєте справжню допомогу.

У моєму житті стався доволі цікавий випадок. Одного разу мій колега, невропатолог, з яким ми часто обговорювали теми, пов'язані з "психічною енергією," запропонувала мені відвідати курси відомого лікаря й майстра гіпнозу, доктора В. М. Кандиби. Доктор Кандиба розробив унікальні програми з аутогенного тренування. Його підхід був досить прогресивним, через що деяким консервативним лікарям було важко прийняти його методи. Його програми самовдосконалення й психологічного аутотренінгу були практичними, ефективними й легкими у застосуванні. Щоб записатися на курс, потрібно було звернутися до представника в міській лікарні.

Я зайшла в переповнений коридор міської поліклініки, підійшла до дверей кабінету й постукала. На жаль, двері були зачинені. Почекавши близько п'ятнадцяти хвилин, я вирішила піти. Коли я вже підходила до сходів, мене зустрів літній чоловік. Я пройшла повз нього, але несподівано він окликнув мене:

— Вибачте, можливо, я можу вам чимось допомогти?

Його питання здивувало мене, адже я не виглядала як пацієнт, що потребує допомоги.

— Можливо, якщо ви В'ячеслав Анатолійович, — відповіла я.

Так ми й познайомилися. В'ячеслав Анатолійович працював юристом в одній із міських лікарень, але, як я дізналася пізніше, він також займався зціленням. Він був місцевим організатором курсів доктора Кандиби. Однак у результаті Кандиба не зміг приїхати й провести навчання.

Від самого початку В'ячеслав Анатолійович ставився до мене з доброзичливістю й глибокою повагою. У якийсь момент він запитав мене, чому я не використовую свій дар — дар зцілення. Його питання застало мене зненацька, адже ми не обговорювали нічого, пов'язаного зі зціленням, і це була наша перша зустріч.

Після нашої розмови він запросив мене відвідати кілька його сеансів зцілення.

Як я згодом дізналася, В'ячеслав Анатолійович називав себе чаклуном. Було складно поєднати образ освіченого літнього чоловіка, юриста, із образом чаклуна. Чи було це повністю правдою, я не знаю, але дізналася, що на той час Ліга чаклунів України налічувала шість практиків, які займалися як білою, так і чорною магією.

Я ніколи не підтримувала магію, особливо чорну, адже за століття люди спотворили її, обтяжили безліччю ритуалів, і вона втратила багато зі свого початкового морального наміру допомагати іншим. "Професія" чаклуна чи мага набула популярності після того, як на радянському телебаченні почали транслювати програми за участю екстрасенсів, які нібито заряджали воду енергією й лікували людей через екрани телевізорів. Навіть якщо деякі з цих відомих "чаклунів" справді передавали особливі форми енергії, психічної чи біологічної, на великі відстані, такі сеанси часто базувалися на елементах масового гіпнозу, що викликало у мене занепокоєння.

В'ячеслав Анатолійович відверто поділився зі мною кількома працями доктора Кандиби, а також роботами інших психологів і парапсихологів. Я з великим задоволенням вивчала ці матеріали, хоча не завжди погоджувалася з їхніми висновками. Проте завжди корисно побачити іншу точку зору на певні питання. З цікавості я також відвідала кілька сеансів В'ячеслава Анатолійовича.

Згадуючи нашу першу зустріч, я пам'ятаю цікавий момент. Поки я була в кабінеті В'ячеслава Анатолійовича, за вікном вирувала тепла весняна гроза. Я час від часу поглядала у вікно, сподіваючись, що дощ припиниться до того, як я покину клініку. І саме так і сталося. Коли В'ячеслав Анатолійович проводжав мене до дверей, він мимохідь зауважив, що закінчення грози — один із його "магічних трюків". Я не змогла стримати сміху й відповіла, що, можливо, це не його заслуга, а моя, адже я також бажала, щоб дощ скінчився й засяяло сонце.

Декілька разів я запитувала В'ячеслава Анатолійовича, чому він обрав практикувати магію, використовуючи водночас християнські ритуали. Для мене магія й чаклунство здавалися суперечливими до традиційного християнського вчення, особливо чорна магія. Деякі ворожки, яких я зустрічала, відкрито зізнавалися, що в окремих випадках використовують негативну енергію чорної магії. Відповідь В'ячеслава Анатолійовича на моє запитання була розпливчастою й ухильною.

Попри наші цікаві розмови, я так і не стала його ученицею чи послідовницею. Після мого переїзду до Канади я отримала від нього листа, в якому він повідомив, що відмовився від чаклунства й переїхав до Росії назавжди. Його рішення викликало в мене глибоку повагу.

Сьогодні великі рекламні оголошення в газетах і журналах із закликами до "відомих спадкових ворожок" стали звичайним явищем. За певну плату вони обіцяють передбачити майбутнє, повернути втрачене кохання чи вилікувати будь-яку хворобу. Найчастіше яскраві відгуки, що супроводжують ці оголошення, пишуть самі проголошені "ясновидці". У сучасному світі ця сфера стала прибутковим комерційним бізнесом.

Одного дня я зовсім випадково опинилася на великій розважальній події — вечірці, на якій були присутні численні бізнесмени та власники різних канадських компаній. Моє місце за святковим столом виявилося поруч із "відомою спадковою ворожкою", чиї рекламні оголошення були повсюди — у кожному місцевому виданні й на телебаченні.

Перше, що мене вразило, це її нахабна й вульгарна поведінка, надмірна пристрасть до алкоголю й неприродно демонстративні манери. Напившись великої кількості горілки, вона поводилася провокаційно, використовуючи нецензурну лексику й лайки. Образ доброї, побожної "спадкової ворожки", готової допомогти кожному, хто потребує, різко контрастував із реальністю, яку я спостерігала протягом трьох годин.

На жаль, багато людей, які звертаються за допомогою до таких "спадкових" ворожок, екстрасенсів і цілителів, стикаються лише з ретельно продуманим виступом — шоу, розрахованим на довіру й співчуття, але мотивованим переважно фінансовою вигодою, а не щирим бажанням допомогти.

Будьте обережні у виборі місця, де шукати допомогу.

***

Цілителів можна розділити на кілька груп залежно від джерел, на які вони спираються у своїй практиці зцілення.

Перша група складається з цілителів, які виступають посередниками між людиною та Джерелом (Богом). Ці цілителі відкрито визнають свою роль як провідників, допомагаючи людям підготуватися до самостійного отримання божественної допомоги. По суті, вони сприяють відкриттю каналів для потоку енергії, світла й любові. Ефективність такого зцілення залежить від того, наскільки людина готова прийняти допомогу від Джерела. У цьому підході людина відіграє пасивно-активну роль у процесі зцілення: пасивну — в отриманні енергії, але активну — у відкритості до неї.

Друга група включає цілителів, які мають прямий контакт із Джерелом і передають зцілювальну енергію від нього. У цьому випадку людина, яка отримує зцілення, залишається повністю пасивною. Це може бути невіруюча людина або та, яка дотримується інших релігійних переконань, але її головна увага зосереджена на результаті — отриманні допомоги, незалежно від застосованих методів. Ці цілителі часто включають у свою практику ритуали, церемонії чи предмети, підключаючись до Джерела, щоб отримати доступ до певних типів енергії.

Третя група складається з цілителів, які ініціюють контакт людини з Джерелом, але потім відступають, дозволяючи людині самостійно взяти активну участь у своєму зціленні. Іншими словами, ці цілителі відкривають двері в простір, де людина може досліджувати й обирати свій власний шлях до одужання. Вони навчають, як доступатися до цих "дверей" у будь-який момент, коли це необхідно, дотримуючись принципу "зціли себе сам".

Четверта група зосереджується на груповому зціленні, використовуючи силу колективної енергії для посилення ефекту зцілення. Дослідження показали, що групові молитви, наприклад, можуть позитивно впливати на перебіг хвороб, сприяти одужанню й покращувати загальний стан навіть тоді, коли учасники географічно розділені. Коли подібні енергії узгоджуються, вони створюють резонанс, значно підвищуючи ефективність процесу зцілення.

Сучасні цілителі часто використовують комбінацію різних методів, включаючи інструменти чи пристрої для передачі або посилення енергетичного чи вербального впливу. Однак якщо між цілителем і людиною, яка шукає допомоги, немає справжнього зв'язку, ефект зцілення буде мінімальним, яким би досвідченим не був цілитель.

Я запитала свого Ангела про найпростіший, найшвидший і найнадійніший спосіб визначити, чи справді цілитель здатний допомогти відновити здоров'я чи покращити ситуацію або ж він просто експлуатує чиюсь вразливість для власної вигоди.

Відповідь Ангела була прямолінійною: запитайте Їх безпосередньо, сформулювавши питання так, щоб відповідь могла бути "так" або "ні", і дочекайтеся відповіді, яка зазвичай приходить протягом кількох секунд. Ще одним надійним знаком правильного вибору є відчуття радості й полегшення — якщо ви відчуваєте ці емоції, це чіткий показник того, що ви прийняли правильне рішення.

***

Сутінки — це час, коли світло дня плавно поступається місцем темряві ночі. Тіло ще не готове до сну, але ніжна втома починає огортати його, повільно проникаючи в кожну частину вас.

Я сиділа в саду під древнім, розлогим деревом, насолоджуючись глибокою тишею наближення ночі. Ангел сидів поруч зі мною на траві.

— Не можу повірити, наскільки виріс інтерес до речей, які ми обговорюємо вже багато років і про які я пишу у своїй книзі, — сказала я. — П'ятнадцять чи двадцять років тому все це було б відкинуто як нісенітниця, і я навіть не могла б поділитися цими ідеями з родиною чи близькими друзями. А тепер відомі особистості говорять про це в журналах, книгах і на телебаченні. Квантові фізики та релігійні лідери досліджують ці самі теми, і старий конфлікт між наукою й релігією, здається, поступається місцем спільному напряму. Як ти пояснюєш ці зміни?

— Усе розвивається, — відповів Ангел. — Коли одна світоглядна система відходить, на її місце приходить нова. Людство, разом із кожною сферою своєї діяльності, входить у нову епоху розвитку. Головними особливостями цієї епохи стануть поглиблення зв'язку між людьми й Нами, свідоме розуміння процесів, які розгортаються у Всесвіті, розвиток духовних якостей і прояв Любові.

— Дехто пророкує апокаліпсис або катастрофічні події у 2012 році, — сказала я. — Що ти про це думаєш?

— У Всесвіті дійсно відбуваються значні зміни й перерозподіл енергії, і ці зміни можуть проявлятися й на земному рівні, — відповів Ангел. — Але робити поспішні висновки, передбачаючи кінець світу чи інші катастрофічні події в найближчому майбутньому, — це помилка.

— Чому? — запитала я. — Ті, хто робить ці заяви, кажуть, що отримують свою інформацію Згори. Більше того, багато хто з них наводить наукові докази з геологічних, тектонічних і метеорологічних досліджень, щоб підкріпити свої попередження. Наскільки надійні ці заяви?

— Інформація, яку люди отримують від Нас, часто неправильно тлумачиться й передається неточно, — відповів Ангел. — Переміщення енергетичних потоків у процесі розвитку й існування Всесвіту — це постійне явище. Але це не означає, що ці зміни спрямовані на знищення людства. Людство руйнує себе саме, постійно втручаючись у природні закони Всесвіту — закони, які існують незалежно від людського розуміння чи бажань. Невміння зрозуміти ці закони призводить до сумних наслідків.

— Ти маєш на увазі зміни клімату? — запитала я.

Ангел посміхнувся й продовжив:

— Клімат зазнавав кардинальних змін задовго до існування людства, переходячи від спеки до холоду і навпаки. Землетруси, виверження вулканів і повені були значно частішими й інтенсивнішими в далекому минулому, ніж за останні кілька десятків тисяч років — період, який для Всесвіту є лише миттю. Це не те, на чому людству слід зосереджувати свою увагу.

— Тоді на чому нам слід зосередитися? — запитала я з цікавістю.

— Зосередьтеся на тому, що людство руйнує самі умови, необхідні для свого виживання, — відповів Ангел. — Уявіть кімнату, яку ділять кілька людей. Деякі з них, не зважаючи на інших, починають смітити, викидати відходи й справляти природні потреби, де заманеться. Зрештою, кімната стає непридатною для життя, і мешканці починають страждати від хвороб. Саме це людство робить із Землею. Безвідповідальне використання ресурсів, особливо енергетичних, і недбале ставлення до природи поставили людство на шлях самознищення.

Кілька хвилин я сиділа мовчки, осмислюючи слова Ангела. Вони звучали правдиво, відображаючи занепокоєння, які дедалі частіше висловлюють люди.

— Скажи мені, — запитала я, — хіба не через це ми відчуваємо сильніший вплив і більше 'втручання' Згори?

— Скажімо так, — відповів Ангел. — Люди повертаються до Нас, точніше, вони повільно повертаються до своїх витоків. І, роблячи це, взаємодія між Нами й людством стає глибшою, більш осмисленою й ефективною.

— Тобто, як у тому старому китайському прислів'ї: 'Учитель з'являється, коли учень готовий.'

— Саме так. Все більше людей звертаються до Нас (і наші імена можуть бути різними для кожного) не просто за допомогою, адже справжній учень не шукає допомоги, а за знаннями.

— А тепер повернемося до апокаліпсису 2012 року,— сказала я з усмішкою. — Він станеться чи ні?

Ангел тихенько засміявся.

— Це лише людська цікавість, — сказав він. — Для кожної окремої людини день її смерті може відчуватися як апокаліпсис — кінець світу, принаймні для неї. Це означає завершення земного світла, а разом із ним і земного життя. Для деяких це може бути навіть кінцем страждань — звільненням від життя, яке здавалося тягарем. Хіба це таке страшне явище?

— Ні, звісно ні — особливо якщо життя було сповнене труднощів, — погодилася я. — Але багато людей усе ще бояться таких прогнозів.

— Тоді чому б не згадати ту надзвичайну історію з твого життя, — запропонував Ангел. — "Ту, коли ти опинилася в самому серці католицької церкви в день, який мав стати Кінцем Світу.

— І як я врятувала світ від кінця? — засміялася я. — Гаразд, давай повернемося до тієї історії.

***

Італія... 09.09.1999, 9:09 ранку за римським часом.

Гаряче, сухе, пилове "бабине літо" у Ватикані. Перед базилікою Святого Петра були дві жінки: одна в інвалідному візку, інша — на власних ногах, дивлячись на круті сходи попереду.

— Стільки сходів...

— Іди без мене. Залиш мене тут. Ми точно не подолаємо ці сходи з візком.

— Ні за що! Знайдемо інший шлях — обхідний. Тримайся міцніше й сподіваймося, що дорога не буде надто вибоїстою.

Усередині цього величезного, напівтемного простору дві жінки здавалися маленькими комахами під величезними арками. Тут колись стояв Мікеланджело, створюючи свої шедеври в Сікстинській капелі. Це було святе місце. Фотоспалахи миготіли без упину, руйнуючи тишу й заважаючи повністю відчути святість простору, але з часом до цього звикаєш. Тишу зрідка порушував лише кашель або шепіт незнайомою мовою, іноді зрозумілою.

— Як ми опинилися тут саме сьогодні, у цей день, коли так багато хто пророкує кінець світу?

— Саме тому, що це кінець. Подумай про нас як про рятівників світу.

— Ти справжня жартівниця. Мабуть, ти підеш із цього світу з усмішкою чи жартом на вустах.

— Чому раптом мова про смерть? Йди прогуляйся навколо вівтаря. Тільки не перетвори це на перегони — ми всі знаємо, на що здатний твій візок, — піддражнила я. — А я залишуся тут і помилуюся мистецтвом.

— Гаразд, я піду... Ой, зачекай! Подивися за спину — повернися! Це ж твоя тінь... тільки висічена в камені!

Позаду мене стояла величезна кам'яна скульптура молодої, красивої жінки років тридцяти. Її волосся було акуратно зібране, прикрашене скромною короною. У правій руці вона тримала масивний кам'яний хрест, підтримуючи його, щоб він не впав на відвідувачів унизу. Ліва рука була злегка піднята, ніби віталася. У її ніг кам'яна табличка проголошувала:

SANCTA HELENA AVGVSTA

— Гей, прийди до тями... Привіт! Нарешті зустрілися.

— Олена? У базиліці Святого Петра? У серці Нової Римської імперії?

— І що тут дивного? Чому б і ні?

— Чому не Марія? Адже вона народила Сина Божого. Або хоча б хтось із апостолів? Ні, тобі тут не місце, особливо біля вівтаря.

— Моя люба, тільки Бог знає, де моє місце. Коли повернешся додому, почитай трохи, можеш відкрити ще більше дивовижного.

— І все ж... ти мене здивувала. Легко нести цей хрест?

— Я його не несу. Я просто підтримую. Хрест завжди був поруч зі мною, а я завжди виглядала так, ніби відпочиваю... на своєму тернистому шляху. Бачиш? Я усміхаюся до всіх. Люди зазвичай дивляться на мене, моляться й просять захисту. Але ти усміхнулася мені, не просячи нічого.

— Я збиралася щось попросити — для своєї подруги. Вона зможе знову ходити?

— Вона не вірить у мене. Вона вірить у Бога, так, але більше довіряє Фатімі, у Португалії. Фатіма там з'являється час від часу.

— А чому ти не з'являєшся людям?

— Я задоволена тут. А зараз я з'явилася тобі. Щодня приходять нові люди, хоча є й знайомі обличчя... як, наприклад, Павло.

— Ти маєш на увазі Папу?

— Звісно. Кого ж іще? І не забувай, у тебе теж є зустріч із ним. Пам'ятаєш?

— Так, пам'ятаю. Просто не можу цього усвідомити. Як це сталося? Як я стою тут, у Ватикані, й як через кілька днів отримаю благословення від Папи? Я ніхто. Я нічого видатного не зробила.

— Ти пам'ятаєш, що сказано в Біблії? Найбільший дар від Бога — це здатність мріяти й бажати. І ось твоя мрія збулася. Тільки не забудь гарно вдягтися для цієї події.

— Ти справжня жартівниця... і в такому святому місці.

— Найсвятіше місце — це людська душа!

— Пані... Вибачте, але вам треба покинути це місце.

— ???

— Вибачте, але у вас відкриті плечі, а це недопустимо. Наступного разу, будь ласка, одягайте щось із довгими рукавами.

— Прошу вибачення. Я навіть не подумала про це. Пробачте, я піду зараз же...

— Там біля головного входу є безкоштовні шалі. Ви можете взяти одну. Дивно, що вам ніхто її не дав.

— Я зайшла через бічний вхід із подругою. Я піду зараз. Знову прошу вибачення.

— Знаєте що? Залишайтеся. Не йдіть, — сказав охоронець у чорному з доброзичливою усмішкою. — Якщо хтось запитає, скажіть, що я дав вам дозвіл.

І з цим він усміхнувся й зник у натовпі.

— Олено... Гей! Я все ще тут, навіть якщо я з каменю.

— Дякую, що подбала про мене. Ти справді щось особливе.

— І ти не гірша — все ще віриш у дива. Бережи себе.

Дві жінки — одна у візку, інша поряд із нею — обережно спустилися крутими сходами, вирішивши більше не виходити через бічний вхід. Вчасно з'явився джентльмен, який допоміг їм безпечно спуститися на сонцем зігріту кам'яну площу, відшліфовану століттями кроків.

Кінець світу так і не настав.

***

Отже, 9 вересня 1999 року, рівно о дев'ятій годині дев'ять хвилин ранку, кінець світу, який так багато хто передбачав, не настав, — сказав Ангел.

— І не тому, що я була в базиліці Святого Петра, — додала я. — Коли в Римі було 9:09 ранку, в Україні вже було 10:09, а в Канаді ще тривала ніч. Але я впевнена, що десь, у той самий момент, хтось у своєму місцевому часі помер рівно о 9:09.

— Саме так.

— І якщо подумати, за китайським календарем це навіть не був 1999 рік. Хто знає, може, 'кінець світу' вже настав п'ять тисяч років тому.

— Упродовж історії було безліч передбачень кінця світу, — сказав Ангел. — Але люди мають пам'ятати, що завжди є вибір вірити цим прогнозам чи ні, змінювати своє життя або допомагати іншим.

Ми на мить замовкли. Мільярди зірок мерехтіли на чорному небі над нами.

— Ми знову повернулися до концепції страху, — сказала я. — Розмови про кінець світу часто здаються способом приховати страх смерті. Що ти думаєш?

—Страх — це ніщо інше, як життєвий досвід, обгорнутий шарами негативних думок, — відповів Ангел. — Чи боїться новонароджений?

— Ні, поки він не зіштовхнеться з чимось негативним, зазвичай із фізичним болем, — відповіла я.

Ангел продовжив:

— Якщо мати постійно повторює дитині, що незнайомці або 'бабай' прийдуть і заберуть її, дитина скоро почне боятися людей. Їй буде важко розрізнити добру людину від 'бабая', хоча вона природно пов'язана з Нами. З часом цей зв'язок буде затьмарений уроками, які нав'язує батько чи мати.

— Я пам'ятаю колискову, яку співала мені мама, — сказала я. — А інколи я співала її своїм дітям:

Люлі-люлі, засинай,
На краєчок не лягай.
Бо прийде сірий бабай,
Скаже: «Дівчинку віддай».

А я палку візьму,
І бабая прожену.
Йди, бабаю, ти подалі,
Не турбуй маленьку лялю!

—Отже, виходить, твоя мама програмувала тебе на те, щоб ти вірила: якщо ти поводишся погано, якась зловісна істота прийде, щоб забрати тебе, завдати шкоди чи вкусити, і що цю істоту треба проганяти насильством, палицею чи покаранням, — сказав Ангел. — Дітям розповідають історії про злих духів, які ховаються під столами, або про привидів, що сидять у шафах. Повільно, але впевнено, вони віддаляються від Джерела, перетворюючись на замкнених дорослих. Іноді потрібно багато років, а то й усе життя, щоб знову знайти зв'язок із Нами.

— Але хіба страх не є спадковим? — запитала я. — Наприклад, багато тварин інстинктивно бояться вогню, навіть якщо вони ніколи його не бачили. Вчені стверджують, що така реакція може бути пов'язана з вродженими рефлексами —

закодованою інформацією, яка передається через досвід попередніх поколінь. Це означає, що всі страхи є спадковими?

— Якщо раптово крикнути на тварину чи людину, вона може злякатися, — відповів Ангел. — Але це не те саме, що постійний страх. Деякі інстинкти дійсно передаються спадково, наприклад, інстинкт самозбереження при зустрічі з чимось незнайомим. Але людські страхи часто є нічим іншим, як негативними думками, нав'язаними їм із дитинства суспільством, сім'єю або близькими людьми. Ці страхи відображають внутрішню нестабільність і брак впевненості.

— Більшість людей живуть у пастці між болем минулого і страхом перед майбутнім, — сказала я. — Екгарт Толле писав у одній зі своїх книг: 'Коли ви створюєте проблему, ви створюєте біль.' Іншими словами, будь-яка перешкода, часто вигадана самими людьми, стає проблемою, яка з часом перетворюється на болісний досвід невдачі.

— Люди не знають, що чекає на них у майбутньому, то чому боятися того, чого вони не можуть передбачити? — запитав Ангел. — Минуле закінчилося — воно пішло і більше не повернеться. То чому продовжувати переживати біль через те, чого більше не існує?

Багато людей, на жаль, не розуміють, що всі їхні думки, включно з негативними, такими як емоційний біль і страх, існують усередині них і створюються ними самими. Щоб продемонструвати цю ідею, я провела кілька експериментів із учасниками під час моїх лекцій на тему "Програма Щастя, Успіху та Здоров'я."

На початку лекції я запитала аудиторію:

- Прямо зараз, у цю мить, поки я починаю представляти програму, у вас є якісь проблеми?

Вони відповіли:

— Ні, зараз у нас немає жодних проблем, адже ми слухаємо вас.

Через тридцять хвилин лекції я знову запитала:

— У цей момент, чи є у вас якісь проблеми?

Усі відповіли хором:

— Ні, у нас поки що немає жодних проблем.

— Чудово! — сказала я. — Це означає, що протягом останніх тридцяти хвилин ви прожили без проблем.

Наприкінці лекції я повторила те саме запитання. Усі разом погодилися, що за півтори години лекції жодних нових проблем не виникло, а старі навіть не нагадували про себе.

— Хіба це не дивовижно, — запитала я, — що протягом півтори години вашого життя ви не відчували жодних проблем?

Це сталося тому, що учасники, повністю занурені в лекцію, перестали генерувати негативні думки. Вони були зосереджені, обговорювали матеріал, сміялися та взаємодіяли одне з одним.

Я поставила ще одне, останнє запитання:

— Через кілька годин настане ніч, і ви

будете спати приблизно шість-вісім годин. Як ви думаєте, чи виникнуть у цей час якісь нові проблеми?

— Ні, хіба що хтось захворіє,

- відповіли вони.

—І навіть тоді це може бути не ваша особиста проблема, ви просто опинитеся залученими до чужої. Якщо виключити непередбачені обставини, чи є у вас проблеми, поки ви спите?

— Ні! — відповіли вони хором.

—То чому б не прокидатися вранці з радістю, знаючи, що вісім годин ви прожили без проблем?

***

Джеймс Рей, надзвичайно успішна людина, яка навчає науці досягнення успіху через закони Всесвіту, поділився своєю життєвою філософією під час телеконференції в лютому 2007 року. Він пояснив, що, незалежно від викликів, з якими йому доводилося стикатися, а їх було чимало, він починає кожен день із двох простих слів: "Дякую."

Щоранку Рей дякує Богові за те, що він прокинувся живим і здоровим. Він наголосив, що вдячність тісно пов'язана з любов'ю, а початок дня з позитивних емоцій притягує більше позитиву впродовж дня.

На противагу цьому, дратівливість, злість і ненависть неминуче притягують у життя неприємні події.

Висновок простий: те, як ми думаємо, визначає, як ми сприймаємо світ. Якщо ми припинимо створювати негативні думки та почнемо плекати вдячність, навіть за маленькі моменти, ми відкриємо більше щастя і спокою у своєму житті.

Страх — це негативна емоція, і важливо навчитися її долати. Я часто чую фразу: "Потрібно боротися зі своїми страхами." Але чи справді це правильний підхід?

Згідно з Ангелом, людина повинна спочатку взяти під контроль кожне своє слово та думку, поступово змінюючи свій спосіб мислення з негативного на позитивний. Боротьба передбачає знищення. Замість того щоб "воювати" зі страхами, їх слід замінювати позитивними думками, емоціями та почуттями.

Слова, що несуть негатив, потрібно замінювати синонімами, які мають менший емоційний заряд або є нейтральними. Наприклад, замість того щоб сказати: "Я ненавиджу це!", можна висловитися так: "Це не відповідає моїм поглядам чи інтересам." Так само, замість фрази: "Я більше не можу так жити!", краще сказати: "Мені потрібно змінити та покращити своє життя (бо я цього хочу!)."

Самовдосконалення вимагає часу та систематичності. Коли до мене звертаються люди з хронічними захворюваннями або складними станами, я завжди нагадую їм, що вирішення їхніх проблем і досягнення зцілення може зайняти значний проміжок часу. Проблеми зі здоров'ям зазвичай накопичуються протягом місяців чи навіть років. Відповідно, перехід від одного стану фізичного та емоційного благополуччя до іншого потребує терпіння, іноді великого.

Те саме стосується і подолання страхів; це не те, що можна зробити за кілька хвилин. Це шлях, що вимагає відданості та формування позитивного мислення.

***

Після виходу "Секрету," а особливо після появи кількох учасників на телевізійному шоу Опри, реакція суспільства на Закон Привернення та послання, викладені у фільмі, була надзвичайно бурхливою. Хоча більшість глядачів сприйняли фільм позитивно, дехто висловив різку та негативну критику на адресу його творців.

Для мене "Секрет" відкрив двері у світ захопливих людей. Щодня я дедалі більше усвідомлювала, що в своїх поглядах я не самотня; мій зв'язок із цими людьми був настільки ж реальним, як і з будь-ким іншим. Коли я вперше побачила Естер Гікс на телебаченні, я подумала: "Як би мені хотілося зустрітися з нею!" Її історія про зв'язок із нефізичними сутностями, відомими як Абрахам, глибоко відгукнулася в моєму власному досвіді встановлення зв'язку з Ангелом. Хоча я знала її слова (точніше, їхні слова) вже понад п'ятнадцять років, я ніколи не записувала їх так, як це робила Естер, і навіть не уявляла, що цей зв'язок може перерости у щось більше.

Подібно до мене, Естер зіткнулася зі страхом бути висміяною та неправильно зрозумілою, навіть найближчими людьми. Вона пообіцяла собі ніколи не писати чи говорити про цей зв'язок — обіцянка, яку я також давала собі не раз. Через цей спільний досвід я відчувала глибоке споріднення з нею.

Однак я не була впевнена, чи справді зможу зустріти Естер, послухати її й поспілкуватися. Тепер, коли вона стала відомою на весь світ, її запрошували на конференції, лекції та семінари в різних куточках планети. Як я могла організувати зустріч із нею?

Несподіваний зв'язок виник завдяки моїй подрузі Крістіні. Знаючи про її щире захоплення книгами Естер і Джеррі Гікс, я вирішила отримати підписані примірники від Естер "за будь-яких обставин." Я написала їй листа, і вже через кілька днів отримала відповідь: Естер була рада підписати книги, які я хотіла подарувати Крістіні. За два тижні ці книги з особистими побажаннями Естер вже були в моїх руках. Крістіна отримала їх навіть раніше, на Різдво, і її радість була безмежною.

"Як би я хотіла зустрітися з Естер особисто!" — вигукнула вона. "Вважай, що це зроблено," — відповіла я. А чому б і ні?

За день чи два я "випадково" дізналася, що Естер приїде до Торонто в березні 2007 року, якраз на день народження Крістіни, щоб взяти участь у конференції "I Can Do It." На моє здивування, я також дізналася, що Сільвія Браун і кілька інших відомих особистостей також будуть на цьому заході.

Сільвія Браун? Це відчувалося як подарунок від Ангела! Я прочитала кілька її книг і багато разів бачила її на телевізійному шоу Монтела Вільямса. Кілька років тому вона відвідувала сусіднє місто, щоб прочитати лекцію, але я не змогла тоді піти.

Хоча Сільвія не є моїм особистим ідолом — я не згодна з багатьма її поглядами і не читала всіх її творів, мене постійно вражає її стійкість. Вона пережила бідність, витримала бурхливий шлюб з алкоголіком і зіткнулася з критикою суспільства щодо її екстрасенсорних здібностей, зрештою досягнувши рівня слави, якому багато хто заздрить. Я поважаю її за відкритість і прямоту; вона не підлаштовується під інших і не боїться нападів жорстких критиків, циніків, скептиків, преси чи телебачення.

Хоча я не хотіла задавати їй питань про своє майбутнє, мені дуже хотілося побачити Сільвію "наживо," відчути її енергію та почути її голос особисто. Я навіть планувала знайти час, щоб відвідати її вдома, де вона проводить сеанси спілкування з людьми. І ось, зовсім несподівано, я дізналася, що Сільвія приїжджає до Торонто! Разом із нею будуть Естер Гікс, Дорін Верчу та Маріанна Вільямсон.

Нарешті ми прибули до Метро Конвеншн Центру, розташованого в серці ділового Торонто, де проводяться великі конференції, конвенції та семінари. Кілька тисяч людей зібралися на лекцію Сільвії Браун, багато з них нетерпляче чекали можливості поставити відомій екстрасенсу запитання про майбутнє чи інші цікаві для них теми.

Сільвія — літня жінка, мудра, відкрита і дуже проста у спілкуванні. Вона прочитала захопливу двогодинну лекцію про людські стосунки, зокрема зосередившись на динаміці в сім'ї. Багато її тверджень, можливо, не знайдуть відгуку серед затятих противників розлучень чи духовних лідерів, які пропагують покірність і смиренність. Було видно, що виступ дався їй нелегко через її вік; як вона сама зазначила, її напружений графік залишає мало часу на відпочинок. Водночас вона багато зусиль спрямовує на підтримку нових талантів, допомагаючи їм здобути визнання. Її енергія справді вразила мене, і я залишила подію повністю задоволена її виступом.

Її зауваження про ангелів особливо запам'яталися мені. Сільвія наполягала, що ангели не мають крил, із чим я також погоджуюсь, адже ніколи не бачила ангелів із крилами. Проте одного ранку, коли вона прямувала до кухні, щоб поснідати, вона несподівано побачила ангела з крилами. Сільвія зауважила: "Ще раз переконалася, що ніколи не варто використовувати слово 'ніколи' чи бути надто категоричним у своїх переконаннях, бо обов'язково з'явиться щось, що кине виклик твоїм переконанням."

Коли почалася сесія запитань і відповідей, натовп жінок, і навіть чоловіків, кинувся до сцени, утворивши чергу, щоб поставити свої запитання, здебільшого про майбутнє. Я відчула, що Сільвії не дуже подобається робити прогнози, тому вона намагалася відповідати швидко. Багато людей висловлювали сильне обурення, звинувачуючи Сільвію у шахрайстві через те, що її прогнози не здійснилися. Проте вона завжди наголошувала, що прогнози не можуть бути на 100% точними з різних причин. Як людина, вона має право на помилки. Можливо, саме через це вона не любить робити прогнози. Її справжній пріоритет — у навчанні: вона дає уроки піднесення духу, самозцілення, віри в себе та молитви. Сільвія — це вчителька, психолог, лекторка та духовна наставниця з великим даром.

***

Естер Гікс — це надзвичайно добра та відкрита жінка. У її поведінці немає ані натяку на божевілля чи обман. Можливо, її чоловік Джеррі є більш прагматичним із двох, керуючи її робочими поїздками, публікаціями та іншими справами. Естер швидко входить у стан трансу, не втрачаючи свідомості чи контакту з навколишнім світом, передаючи інформацію згори з такою точністю, ясністю та послідовністю, що критикувати її (або Їх) слова просто неможливо. Справді неможливо! Я була вражена, що її послання ідеально узгоджуються з тим, що було передано мені, і я ніколи не сумнівалася в тому, що Джерело єдине.

Для тих, хто має сумніви чи скептицизм у серці (а в мене вони точно були), зрозуміти і прийняти вчення Абрахама, які передає Естер, і водночас побачити цю жінку як звичайну людину — досить складно. Це цілком зрозуміло. Важливо пам'ятати, що Абрахам — це умовне ім'я, а не конкретний персонаж. Абрахам — це ні чоловік, ні жінка, ні комбінація обох; він виходить за межі матеріальних понять. Те саме стосується і Ангела.

Слухати Естер означало повернути собі відчуття рівноваги та спокою, яких багатьом із нас бракує у повсякденному житті. Її руки плавно рухалися в повітрі, коли вона говорила про порівняння духовних і матеріальних концепцій, малюючи наші життя як подорож за течією ріки.

Після короткого послання від Абрахама багато слухачів почали ставити запитання. Відповіді були нічим іншим, як проявами Життєвої Мудрості, як щодо життя на Землі, так і в межах Всесвіту. Не було жодних вагань чи суперечливих заяв; натомість відповіді стали бездоганним доповненням до всього, що вже було висловлено чи написано, ллючись як суцільний потік.

Після виступу Естер моя подруга отримала чудову можливість взяти автограф у цієї талановитої жінки та навіть зробити спільне фото на пам'ять. Я спостерігала з радістю, як Естер спілкувалася з щасливою Крістіною, знаючи, що нас попереду чекає багато радісних і цікавих зустрічей.

Після виходу фільму *"Секрет"* та кількох книг на цю тему хвиля захоплення і спекуляцій охопила Закон Притягання. Боб Проктор і його однодумці щедро ділилися знаннями, по суті, варіантами самогіпнозу, через численні електронні листи, публікації, телефонні семінари та телевізійні шоу. Однак цей рух також привів до комерціалізації й появи величезних прибутків. Стратегії мережевого маркетингу та багаторівневого маркетингу були інтегровані в цей феномен. Боб і його дружина Лінда активно займаються цією сферою, навіть заснувавши власні мережеві компанії.

На противагу цьому, Естер і Джеррі Гікс тактовно вирішили дистанціюватися від цього штучно створеного ажіотажу. Вони продовжують зосереджуватися на своїй роботі, не запускаючи масштабних рекламних кампаній і не прагнучи до уваги медіа, зберігаючи свій унікальний підхід у цій галузі. Така відданість автентичності викликає в мене глибоку повагу.

***

Живописний зелений луг, усіяний польовими квітами, шматочок яскравого блакитного неба, аромат літа й я. Це місце, яке я уявляю, коли шукаю світло й радість або просто хочу розслабитися й відновити сили. Воно прийшло мені на думку, коли я згадала фінальну сцену захоплюючого фільму *Орландо*, створеного за однойменною новелою Вірджинії Вулф. Фільм, високо оцінений за свою художню глибину, розповідає про подорож головного героя, який змінює свою стать крізь час, досліджуючи жіночі та чоловічі аспекти життя, а також сенс буття. У фінальних кадрах радісний ангел літає в небі, співаючи для Орландо та її доньки, і ця сцена залишила незабутнє враження.

Сьогодні я не сама на цьому лузі, поруч зі мною мій Ангел. Моє серце легке й наповнене радістю.

— Привіт, любий. Ми давно не розмовляли, — кажу я.

— Ти була зайнята... хоча ми спілкувалися короткими моментами, — відповів Ангел.

— Що нового? Розкажи, — запитую я.

— Нове те, що я бачу в тобі багато Радості.

Я задоволено посміхнулася.

— Так, дійсно, є багато радості, бо сталося чимало хорошого, і я знаходжу радість у самому житті, — відповіла я. — Багато людей позаздрили б мені зараз.

Ангел зручно вмостився на траві, дивлячись зі мною на небо.

— Моя подруга сказала, що мене підвищили в ангельському ранзі, — згадала я.

— У Ангелів немає рангів чи рівнів; це вигадки людей. Але якщо твоїй подрузі приємно так думати, нехай, — посміхнувся Ангел. — Але точно можу сказати, що в тобі відбуваються позитивні зміни. Ти ростеш.

— Наскільки можна рости? Особливо в ширину! — засміялася я. — Але ти маєш рацію; я виросла. Я навчилася бути вдячною.

— Давай поговоримо про це — про Стан Вдячності. Багатьом людям його бракує. Що ти відчуваєш у такому стані?

— Перш за все — радість. Радість від того, що я жива, що в мене є родина, діти, їжа, дім, здоров'я і ще так багато всього. У мене є нові ідеї, інтереси, бажання творити й навіть час, щоб втілювати свої плани. Я щаслива, що можу допомагати іншим у різний спосіб і бачу, як їхнє життя змінюється на краще.

— Ти права — радість і вдячність нероздільні, — сказав Ангел. — Якщо вдячність виражається без усмішки, без радості й лише з ввічливості, це не справжня вдячність. У таких почуттях немає ні щирості, ні душі.

— Але висловлювати вдячність не завжди просто, — зауважила я. — Важко прокинутися рано-вранці після виснажливого дня, із головним болем і порожнім гаманцем, і радісно почати день із вдячності.

— Чому це складно? Це знову те, що люди самі собі нав'язують, — відповів Ангел. — Занурені у власні проблеми, вони часто не бачать труднощів інших. Вдячність — це стан Любові, Прощення, Надії, Радості й Віри — позитивних емоцій, які набагато корисніші за негативні.

— І скажи, Ангеле, чи маєш ти емоції та почуття? — запитала я.

— Ні.

— Отже, ти не відчуваєш ані болю, ані радості, ані любові?

— Ми не відчуваємо болю чи радості, але ми відчуваємо любов. Однак людям важко зрозуміти, як ми її відчуваємо і що вона означає для нас.

— Це базується на принципі «Бог є Любов», наскільки я розумію, — сказала я.

— Абсолютно. Але що ти очікуєш від Бога в такому випадку? — запитав Ангел, м'яко й проникливо дивлячись на мене.

— Гм... Любов і, відповідно, захист, мабуть, — відповіла я.

—Чудово! Оскільки Бог — це все довкола вас і всередині вас, і ви є частиною цього Цілого, Його Любов уже існує у вас. Ви можете виражати Його Любов до себе й інших та відчувати Його Любов до себе й до інших, особливо тому, що ця Любов може також виражатися через інших людей. Одним словом, немає потреби шукати або чекати на Божу Любов, адже вона вже є в кожному з вас, так само, як вона є у всіх нас, — сказав Ангел.

— Здається таким простим. Але чому тоді люди все одно йдуть до церкви, моляться й просять у Всемогутнього прощення, захисту та любові? — запитала я.

— Не плутай віру, релігію і переконання. Пам'ятай, що багато людей діють так через звичку або виховання, бояться покарання Згори, адже страхом можна маніпулювати й контролювати життя людини. Духовність не слід ототожнювати з вірою. Загалом, поняття духовності — це людська міра душі, свого роду осцилоскоп, який визначає рівень прояву різних рівнів енергії, що домінують у людині.

— Чи це означає, що страх Божий безпідставний?

— Чи це означає, що якщо Бог — це Любов, то страх перед Любов'ю виправданий? — запитав Ангел. Чи має мати боятися своєї дитини, яку любить і яка любить її у відповідь? Чи має дитина боятися матері, яка його любить і яку він любить? Усі страхи перед Богом абсолютно безпідставні. Власне, Богу не потрібна любов людей. Нам вона теж не потрібна...

Я вже чула подібне раніше, і ці слова не знаходили відгуку в моєму серці. Якщо Богу не потрібні наша любов, наші молитви чи наші прохання, то чи важливі ми тоді для Нього? Чи можемо ми розраховувати на Його допомогу в такому випадку? Є приказка: «На Бога надійся, а сам не зівай».

— Якщо вам не потрібна любов людей, то чи означає це, що вам не потрібні й наші проблеми? Чи марно люди моляться й просять про допомогу? — запитала я.

— Ні, зовсім не марно, — відповів Ангел. — Тому що якщо ви просите, вас почують. Але просити слід без злості, відчаю чи ненависті. Молитва — це форма очищення, якщо вона щира, а не просто показова, автоматична, ритуальна чи ігрова.

— І ще краще починати з вдячності, так? — уточнила я.

— Саме так. Вдячність є мостом довіри між людиною і Нами.

Вітер грався моїм волоссям, а пісні птахів наповнювали повітря чудовими мелодіями. Ніхто нікуди не поспішав, насолоджуючись ідилічною сценою Життя.

— І все ж, розкажи мені більше про вас. Так багато розмов про закони Всесвіту, але що вони насправді представляють? — запитала я в Ангела.

— Закон — це витвір людини; це опис послідовності якогось процесу, твердження, яке часто не має доказів чи пояснень. На практиці багато процесів можуть називатися законами. Наприклад, народження людини завершується її смертю. До появи людства закони взагалі не існували, але це не означає, що у світі панував хаос і все розвивалося випадково. Саме люди вивчали навколишній світ і знаходили пояснення багатьом процесам і явищам, упорядковуючи їх і називаючи законами. Закони стосуються матерії, включно з живими організмами.

— Хіба на рівні енергій, навіть тих, які наразі недоступні для людського вивчення й розуміння, не існують закони? — запитала я.

— Існують, — відповів Ангел. - Але вони не мають значення для Нас. Ми не дотримуємося законів. Ми існуємо поза Часом і Простором, у межах яких такі закони діють.

— Матерія може перетворюватися в енергію й навпаки. А що знаходиться за межами енергії?

— Поза енергією, так само як і в її межах, як і у матерії, існує Ідея.

— Ідея? Це ж те саме, що й Інформація? — запитала я.

Ангел усміхнувся й відповів: «Це не те саме. Ідея — це динамічний процес; вона втілює імпульс творіння й творчості. Інформація, натомість, часто є статичним елементом, який може бути частиною Ідеї».

— Отже, процеси, що відбуваються у Всесвіті й поза ним, — це не лише потоки інформації та енергії, які перетворюються в матерію й обмінюються хаотично, навіть якщо це так здається. У цьому всьому є суттєвий компонент — творче створення, якщо можна так висловитися.

— Абсолютно вірно», — відповів Ангел. — Інформація може бути лише краплею в нескінченному океані Ідеї, але без інформації Ідея була б неповною, як океан без течій, хвиль і життя.

— Ідея... Тобто Бог?

— Так, Бог. Ця Ідея потребує постійного руху у своєму розвитку. Богу не потрібні люди як фізичні оболонки, йому не потрібні рослини й тварини у фізичних формах. Йому потрібне Життя як результат творчого розвитку Ідеї — особливо мислячі, відчуваючі, мріючі, люблячі й творчі істоти.

— Тому що наші думки, емоції, почуття й багато іншого доповнюють Ідею?

— Вони не лише доповнюють її, а й розширюють і збагачують. Людина, яка перебуває в стані щирої любові, виражаючи любов до інших — відкривається. Це також включає перебування у стані вдячності.

— Але ж заповіді вчать нас любити? Любити Бога, любити ближнього.

— Ні, основні заповіді починаються з розуміння, що Бог є Бог, і немає потреби вигадувати нічого нового, як і немає інших богів чи ідолів. Друга заповідь учить, що не слід обожнювати предмети чи що-небудь інше, прирівнюючи це до Бога.

— У Новому Заповіті Ісус учить своїх учнів, що дві найважливіші заповіді — це любити Бога і любити людей. Тож звідки твердження, що ми повинні любити Бога, якщо Ви кажете, що наша любов Йому не потрібна?

— Воно походить із того самого принципу, що "Бог є Любов". Якщо ти любиш усе, що Він створив, включаючи людей, то ти автоматично любиш і самого Бога. Це та любов, яка потрібна Богу. Уяви ситуацію, коли ти любиш когось лише за їхню зовнішність, але тобі байдуже до їхніх думок, емоцій і почуттів — іншими словами, до їхнього життя. Чи мала б така любов для тієї людини якесь значення? Точно так само Богові не потрібні поклоніння, шанування, фанатизм чи захоплення з боку людей, якщо вони не виражають любов один

до одного насамперед. Тож люби — і будеш
люблений! І будь вдячним за можливість любити
те, що маєш, те, що було, і те, що буде.

***

Новий рік 2008 року я зустрічала без
родини. Мої діти та чоловік
вирушили до України святкувати з
близькими, а я добровільно залишилася в Канаді
разом із моєю улюбленицею Лайкою, Нанучкою.
Якщо чесно, це була чудова можливість відпочити
від домашніх турбот і зосередитися на написанні
кількох статей та оповідань. На новорічну ніч до
мене вирішила завітати моя канадська подруга
Крістіна, щоб разом відзначити прихід 2008 року.

Наші стосунки з Крістіною виходять за межі
суто ділових. Це справжня дружба між двома
жінками, які мають багато спільних інтересів. Ми
часто відвідуємо затишне кафе-бар у центрі
Етобіко (передмістя Торонто), де нас добре знає
персонал. У закладі є особливий куточок біля
каміна, з великими комфортними кріслами,
старовинним годинником, стрілки якого рухаються
у протилежному напрямку, та маленьким
столиком. Цей куточок нагадує домашній затишок.
У цьому напівтемному місці ми обговорюємо
різноманітні теми, ділимося секретами, думками та
ідеями, насолоджуючись келихом смачного білого
вина. Це свято для душі, коли ніхто не заважає,
метушня буденного життя зникає у сутінках ночі, і
ми можемо вільно говорити про все.

Крістіна захоплюється езотерикою, багато читає про психологію, парапсихологію, самовдосконалення та спілкування з іншими світами. Хоча я не поділяю всіх її поглядів, я поважаю її думки й ніколи не намагаюся переконати її у тому, що вона, можливо, помиляється.

У новорічну ніч Крістіна принесла пляшку шампанського та гадальну паличку. Вона хотіла встановити контакт із духами чи енергіями, щоб я могла поставити їм важливі запитання й отримати відповіді. Для мене такі «експерименти» більше нагадували гру, ніж щось серйозне, адже я навчила Крістіну простіших способів спілкування з такими сутностями, і сама не потребувала посередників для отримання відповідей. Але щоб не розчаровувати подругу, яка принесла паличку, я погодилася.

Ми сиділи на кухні дві години до Нового року. Аромат смачних страв наповнював дім: качка з яблуками рум'янилася у духовці, а шампанське охолоджувалося в холодильнику. Крістіна підготувала паличку й почала налаштовуватися на зв'язок. Вона повідомила, що до нас виходить сильна позитивна енергія жіночого походження. Я не хотіла зізнаватися, що це була моя власна енергія, а не якийсь дух. Тоді вона сказала, що це Ангел. Я не змогла стримати сміху, адже це ж вона сама не раз називала мене ангелом! Крістіна не зрозуміла, що мене так розсмішило. На той момент Ангела поруч не було, точніше, він не втручався.

Крістіна почала вмовляти мене ставити запитання, але про що можна запитувати у таку святкову й радісну мить? Це був час позитивних емоцій, а не розпитувань. Тож вона взялася за запитання сама. Її відповіді мене ще більше смішили: схоже, я «гралася» своєю енергією, не даючи їй нормально встановити контакт із «духом».

Тоді я запропонувала: «Запитай у Ангела ім'я». Вона почала по черзі називати букви алфавіту, спостерігаючи за рухом палички, і попросила мене записувати все на аркуші паперу. Ми спілкувалися англійською, тому ім'я записали як **CHOICE** (вибір). Спочатку Крістіна була спантеличена: що це за дивне ім'я для мого духовного наставника? Я все зрозуміла одразу, але зберігала серйозний вигляд, спостерігаючи за реакцією подруги. «Що означає "Choice"?» — запитала вона вголос. А значення було очевидним: вибір імені за нами! Це вже була відповідь. Адже не має значення, як ми Їх називаємо. Це не Їхні справжні імена, а ті, що ми самі Їм даємо. Паличка почала рухатися, підтверджуючи, що я права. Крістіна завжди думала, що інші світові сутності повинні мати імена, але тут вибір імені був нашим. Схоже, вона не до кінця це зрозуміла. Я посміхнулася Ангелу й сказала: «Дякую».

Тепер я знаю його ім'я, тому що вибрала його сама. І це ім'я — Ангел.

***

Час летить швидко, а разом із ним змінюються й події мого життя, як добрі, так і не дуже. Але з кожним днем я отримую більше задоволення від цього життя, адже з роками здобуваю мудрість. Найприємніше для мене — це спілкування з цікавими людьми, і їх у моєму житті стає дедалі більше.

Мій Ангел мав рацію тисячу разів: я здобула більше, ніж втратила. Чи втратила я когось або щось узагалі? Ні, бо все приходить і йде недаремно. Так і мало бути. Кожна мить, радісна чи гірко-солодка, залишила унікальний відбиток у моєму житті, роблячи його цікавим і роблячи мене цікавою.

Я не ангел, а звичайна людина, хоч багато хто наділяє мене містикою й надприродними здібностями. Але я впевнена, що кожна людина має в собі щось унікальне й неповторне. У цьому контексті термін «надприродне» не застосовується, адже ми всі створені з одного Джерела, з однієї Ідеї. Це означає, що в кожному з нас живе частинка нашого Творця. Ви можете називати цього Творця різними іменами — Природа, Всесвіт, Бог, Егрегор, Вищий Розум, Інформаційно-енергетичне Поле, Ідея тощо. Але чи змінює це той факт, що ми є частиною єдиного Цілого? Ми — унікальні часточки, різні одна від одної, але разом складаємо неповторну єдність.

Радійте Життю! Радійте Любові! А якщо вам складно з будь-якої причини, просто подивіться вгору на блакитне небо, і ви побачите радісного Ангела, який співає пісню саме для вас.

Книги Олени Березовської

1. Мій шлях до істини. Березовська О.А. — 90 стор. Самовидав. Івано-Франківськ, Україна, 1995.
2. Интернет: Мифы и реальность заработка. Березовская Е.П. — 110 стр. Несколько онлайн-публикаций. Украина-Россия-Беларусь, 2000. (Ebook ISBN: 978-0-9867786-5-0)
3. Тысячиии... вопросов и ответов по гинекологии. Березовская Е.П. — 360 стр. Пресс-экспресс. Львов, Україна, 2008. (Print ISBN: 966-8360-08-7)
4. Ангел. Березовская Е.П. — 94 стр. Торонто, Канада, 2008. (Print ISBN: 978-1-997797-06-7, Ebook ISBN: 978-0-9867786-2-9)
5. День серебристого дождя. Березовская Е.П. — 107 стр. Торонто, Канада, 2008. (Ebook ISBN: 978-0-9867786-3-6)
6. Настольное пособие для беременных женщин. Березовская Е.П. — 400 стр. International Academy of Healthy Life. Канада-Украина, 2010. (Print ISBN: 978-0-9867786-1-2)
7. Подготовка к беременности. Березовская Е.П. — 200 стр. International Academy of Healthy Life. Канада-Украина, 2011. (Print ISBN: 978-0-9867786-0-5)
8. Гормонотерапия в акушерстве и гинекологии: иллюзии и реальность. Березовская Е.П. — 600 стр. International Academy of Healthy Life. Канада, 2013. (Ebook ISBN: 978-0-9867786-6-7)
9. 9 месяцев счастья. Настольное пособие для беременных женщин. Березовская Е.П. — 596 стр. ЭКСМО. Москва, Россия, 2015. (Print and Ebook ISBN: 978-5-699-80102-2)
10. Настільний посібник для вагітних. Березовська О.П. — 400 стор. Электронна версія. International

Academy of Healthy Life. Торонто, Канада, 2016. (Ebook ISBN: 978-0-9867786-1-2)

11. Підготовка до вагітності. Березовська О.П. — 205 стор. Электронна версія. International Academy of Healthy Life. Торонто, Канада, 2016. (Print ISBN: 978-0-9867786-0-5)

12. Посібник для вагітних. Березовська О.П. — 392 стор. Манускрипт. Львів, Україна, 2016. (Print ISBN: 978-966-2400-55-7)

13. 1000 вопросов и ответов по гинекологии. Березовская Е.П. — 432 стр. ЭКСМО. Москва, Россия, 2017. (Print and Ebook ISBN: 978-5-699-80101-5)

14. Дочки-матери: Все, о чем вам не рассказывала ваша мама и чему стоит научить свою дочь. Березовская Е.П. — 288 стр. ЭКСМО. Москва, Россия, 2018. (Print and Ebook ISBN: 978-5-04-090021-3)

15. 9 місяців щастя. Березовська О.П. — 576 стор. BookChef. Київ, Україна, 2018. (Print and Ebook ISBN: 978-617-7559-18-3)

16. 9 месяцев счастья (второе издание). Настольное пособие для беременных женщин. Березовская Е.П. — 596 стр. ЭКСМО. Москва, Россия, 2019. (Print and Ebook ISBN: 978-5-04-098981-2)

17. Это все гормоны! Березовская Е.П. — 410 стр. ЭКСМО. Москва, Россия, 2019. (Print and Ebook ISBN: 978-5-04-101870-2)

18. Малыш, ты скоро? Березовская Е.П. — 384 стр. ЭКСМО. Москва, Россия, 2019. (Print and Ebook ISBN: 978-5-04-103359-0)

19. Когда ты будешь готова. Березовская Е.П. — 348 стр. ЭКСМО. Москва, Россия, 2020. (Print and Ebook ISBN: 978-5-04-116932-9)

20. Здравствуй, малыш. Березовская Е.П. — 320 стр. ЭКСМО. Москва, Россия, 2021. (Print and Ebook ISBN 978-5-04-121120-2)

21. Педіатрія: у 3-х т. Т. 3: підручник для студ. вищих мед. навч. закладів IV рівня акред. Катілов О., Варзарь А., Валіуліс А., Дмитрієв Д., та ін. — 656 стор. Нова Книга. Вінниця, Україна, 2022. (Print ISBN: 978-966-382-931-9)

22. 9 місяців щастя. Посібник для вагітних (оновлене й доповнене видання). Березовська О.П. — 624 стор. BookChef. Київ, Україна, 2023. (Print and Ebook ISBN: 978-617-548-122-6)

23. Коли тобі 35+. Як завагітніти й народити дитину. Березовська О.П. — 256 стор. BookChef. Київ, Україна, 2023. (Print and Ebook ISBN: 978-617-548-124-0)

24. Когда тебе 35+. Как забеременеть и родить ребенка. Березовская Е.П. — 290 стр. International Academy of Healthy Life. Торонто, Канада, 2024. (Ebook ISBN: 978-0-9867786-7-4)

25. Angel. Olena Berezovska. — 256 p. International Academy of Healthy Life. Toronto, Canada, 2024. (Ebook ISBN: 978-0-9867786-8-1)

26. Ангел. Березовська О.П. — 270 стор. International Academy of Healthy Life. Торонто, Канада, 2024. (Print ISBN 978-0-9867786-9-8, Ebook ISBN 978-1-997797-00-5)

27. Grandma Lena's Bedtime Stories. Olena Berezovska. — 154 p. International Academy of Healthy Life. Toronto, Canada, 2024. (Print ISBN: 978-1-0691603-0-0)

28. Привіт, малюк! Як пройти четвертий триместр без турбот і хвилювань. Березовська О.П. — 290 стор. International Academy of Healthy Life. Торонто, Канада, 2024. (Print ISBN: 978-1-0691603-3-1)

29. Growing Up Strong: A Guide to Girls' Health and Well-Being. Olena Berezovska. — 422 p. International Academy of Healthy Life. Toronto, Canada, 2025. (Print ISBN: 978-1-0691603-4-8, Ebook ISBN: 978-1-0694544-6-1)
30. Вечірні казочки бабусі Олени. Березовська О.П. — 180 стор. International Academy of Healthy Life. Toronto, Canada, 2025 (Print ISBN: 978-1-0691603-1-7)
31. Вечерние сказки бабушки Лены. Березовская Е.П. — 172 стр. International Academy of Healthy Life. Toronto, Canada, 2025 (Ebook ISBN: 978-1-0691603-2-4).
32. The Curious Escapades of a Corpse Named Jack. Book 1. Olena Berezovska. — 190 p. International Academy of Healthy Life. Toronto, Canada, 2025 (Print ISBN: 978-1-0691603-5-5, Ebook ISBN: 978-1-997797-02-9)
33. Основи здоров'я дівчаток: Практичний путівник для батьків. Березовська О. — 570 стор. International Academy of Healthy Life. Toronto, Canada, 2025 (Print ISBN: 978-1-0691603-6-2, Ebook ISBN: 978-1-0694544-7-8)
34. The Curious Escapades of a Corpse Named Jack. Book 2. Olena Berezovska. — 112 p. International Academy of Healthy Life. Toronto, Canada, 2025 (Print ISBN: 978-1-0691603-7-9, Ebook ISBN: 978-1-997797-03-6)
35. Hormonal Intelligence: How Hormones Shape Health and Well-being. Olena Berezovska. — 478 p. International Academy of Healthy Life. Toronto, Canada, 2025 (Print ISBN: 978-1-0691603-8-6, Ebook ISBN: 978-1-0694544-4-7)
36. Все про гормони: Таємна мова вашого тіла. Олена Березовська. — 460 с. International Academy of Healthy Life. Торонто, Канада, 2025

(Print ISBN: 978-1-0691603-9-3, Ebook ISBN: 978-1-0694544-5-4)

37. Дивовижні пригоди трупа на ім'я Джек: Книга 1. Олена Березовська. — 180 с. International Academy of Healthy Life. Торонто, Канада, 2025 (Print ISBN: 978-1-0694544-0-9, Ebook ISBN: 978-1-997797-04-3)

38. Підготовка до вагітності: Посібник з усвідомленого батьківства. Олена Березовська. — 468 с. International Academy of Healthy Life. Торонто, Канада, 25 травня 2025 (Print ISBN: 978-1-0694544-41-6, Ebook ISBN: 978-1-0694544-8-5)

39. DIY Bestseller: How to Write, Publish, and Market Your Book in the AI Era. Olena Berezovska. — 432 p. International Academy of Healthy Life. Toronto, Canada, 2025. (Print ISBN: 978-1-0694544-2-3, Ebook ISBN: 978-1-997797-01-2)

40. Mind Over Muscle: A Journal for Teen Athletes. Olena Berezovska. — 58 p. International Academy of Healthy Life. Toronto, Canada, 2025. (Print ISBN: 978-1-0694544-3-0, Ebook ISBN: 978-1-0694544-3-0)

41. Kopf schlägt Muskeln: Ein Journal für jugendliche Athleten. Olena Berezovska. — 58 p. International Academy of Healthy Life. Toronto, Canada, 2025. (Print ISBN: 978-1-997797-07-4 , Ebook ISBN: 979-8-231304-94-3)

42. After Delivery: A Doctor's Guide to Postpartum Healing and Recovery. Olena Berezovska. – 400 p. International Academy of Healthy Life. Toronto, Canada, 2025 (Print ISBN: 978-1-997797-08-1, Ebook ISBN: 978-1-997797-09-8)

www.ingramcontent.com/pod-product-compliance
Lightning Source LLC
Chambersburg PA
CBHW061820040426
42447CB00012B/2746